子どもと楽しく学ぶ

片づけの教科書

整理収納アドバイザー１級
清水麻帆 清水幸子

Gakken

はじめに

整理収納アドバイザーの清水麻帆です。小学6年生のときに1級を取得しました。母が片づけのプロとして働く姿を見て育ちました。気がつくと、片づけが大好きで、いつも片づいた部屋で過ごしたいと思うようになっていました。自己流を卒業して、正しい片づけのしくみを学びたいと思い、整理収納アドバイザーに挑戦しました。大人用のテキストは読めない漢字ばかりだったり、「適当なものを選びなさい」という問題を見て、「いい加減にテキトーに選ぶのだ」と勘違いしたり（笑）。資格取得までの道のりは大変でしたが、とても良い経験になりました。

そんな経験から、「子どもによる子どものための整理収納の教科書をつくりたい」と夢見るようになりました。今回、このようにカタチにさせていただくことができ本当にうれしいです。この本は親子一緒に読んでいただけるように年齢の目安を示したり、わかりやすい言葉を選んだり工夫しました。ぜひ、片づけを楽しんで、好きになってください。

整理収納アドバイザー1級　清水麻帆

私たちがナビゲート

片づけアシスタント

整理収納のプロ

整理収納アドバイザーの清水幸子です。2021年に発売した娘の麻帆との初の著書『片づけを楽しむ、好きになる。』では、ありのままの我が家を公開し、これまで培ってきた片づけのノウハウをぎゅっと詰め込み紹介しました。おかげさまでたくさんの反響をいただき、「片づけが楽しくなった」という声を聞くたび、とてもうれしく感じています。そんな折、最も多く質問をいただいたのが、娘のように片づけ上手に育てるにはどうしたら良いかというものでした。

本書では、これまでの娘の成長を振り返りながら、娘がどのように片づけと向き合ってきたか、また、自分はどのように娘をサポートしてきたかを思い出し、片づけ上手な子どもが育つ、私なりのノウハウをまとめました。よくある片づけのお悩みと、その解決法を年齢別にたくさん盛り込んでいます。お子さまと一緒に読んで片づけの参考にしていただけたら幸いです。

片づけを通して親子のコミュニケーションが深まり、スッキリしたお部屋ですくすくと育ってくれることを願っています。

整理収納アドバイザー1級　清水幸子

ていない、もしくは店舗によって在庫がない場合がございます。
お問い合わせはご遠慮ください。

CONTENTS

PART 3

PART 4

※本文中の著者使用 ITEM のお問い合わせ先は 128 ページにございます。あくまで取材時点でのモノであり、現在お取り扱いし
※特にお問い合わせ先のない商品は一般的な 100 円ショップなどで購入可能なモノ、もしくは著者、撮影協力者の私物です。

PART 5

PART 6

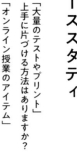

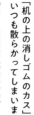

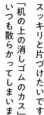

PART 1

はじめてでも よくわかる 整理収納講座

親子で一緒に学びたい、
片づけの基本メソッドをご紹介！
子どもの年齢に合わせた片づけとの向き合い方や、
整理収納のポイントも伝授します。

子どもの頃から片づけを学ぶと良いことがいっぱい！

小さな頃から片づけを学ぶと、片づけ上手に育つのはもちろん、成長や発達にうれしい効果がたくさん期待できます。ここでは、早くから片づけを学ぶことで養われる５つの効果についてご紹介します。

1 判断力・決断力が身につく

キレイな部屋を保つためには、持っているモノを「必要なモノ」と「必要ではないモノ」に分け、必要ではないモノを手放す＝「整理する」ことが重要です。こうした取捨選択を日常的に繰り返すことで、判断力や決断力が養われます。言葉でコミュニケーションが取れるようになり、片づけについて理解できるようになる４歳頃になったら、「このおもちゃはいる？いらない？」と声かけをすることからスタートしてみましょう。

2 段取りする力や応用力が育つ

段取りする力とは、ものごとを進めるとき、必要な事柄を洗い出し、効率的な手順を整える力のこと。部屋をキレイに保つには、「整理」「収納」「片づけ」を順序立てて行います。このようにものごとの筋道を立てることで、段取りする力が培われます。

また、「ブックエンドは本を仕切るためのモノだけど、本以外のモノを仕切るのにも使えそうだな」など、既存の使い方にとらわれない収納アイデアを考えることで、応用力も磨かれます。

3 思考力が深まる

「思考力」は、大きく分けると、①問題を発見する力、②予測する力、③ものごとを比べる力、④分析する力などが挙げられます。片づけは、「なぜ片づかないのか」と問題を発見し、「どうすれば片づくのか」とさまざまなケースを比較・分析して予測し、実行するので、「思考力」のトレーニングに最適！

「思考力」は子どもが自ら考えることで育まれます。大人は口を出さず、そっと見守ることも大切です。

4 達成感により自己肯定感が高まる

片づけをして部屋がキレイになったという達成感が、「やればできる！」という自信を与え、自己肯定感のアップにつながります。片づけは日々のことなので、日常的に達成感を得ることができれば、自己肯定感はどんどんアップ！　片づけられる小さな範囲（P30 参照）からスタートし、慣れてきたら徐々に広げていきましょう。

5 モノや人を大切にする心が育まれる

片づけの極意は、自分の心地よいと思うモノを厳選し、それを長く使い続けること。そうすると「今あるモノを壊れないように使おう」と、モノを大切に扱うようになります。また、収納用品もできるだけ同じモノを長く使うことをおすすめしています。こうしてモノを大切にすることで、自然に人を大切にする気持ちも芽生え、やさしい心が育まれます。

> 片づけを学ぶのはいつからでも大丈夫。一緒に楽しく学んでいきましょう♪

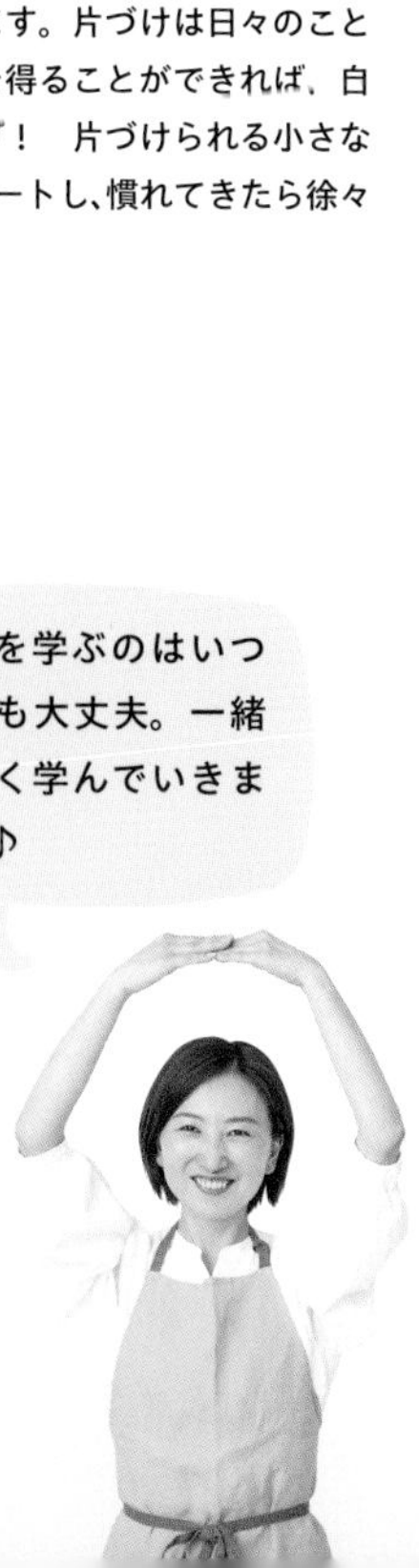

史上最年少で
整理収納アドバイザー1級
を取得！

整理収納の達人 清水麻帆のお片づけヒストリー

0歳
生まれたときからスッキリ部屋ですくすく育つ

雑誌にお部屋が取り上げられたことも。ベネッセコーポレーション『サンキュ！』2009年 3月号掲載
撮影／橋本哲

2歳
出したモノを「戻せる」ように

4歳
必要なモノを「選べる」ように

0 1 2 3 4 5 6

小学6年生のときに、史上最年少で整理収納アドバイザー1級を取得し、現在は整理収納のプロとして、TVなどのメディアで大活躍の清水麻帆さん。片づけが好きになった理由や、資格取得を目指したきっかけはなんだったのでしょうか？

麻帆：私にとって片づけは、好きか嫌いかという以前に、するのが当たり前のことでした。これは、私が物心つくより前から、整理収納のしくみをつくり、片づけの方法を教えてくれていた母のおかげです。

幸子：麻帆が1歳の頃に、雑誌『サンキュ！』で我が家を紹介していただいたことがあるのですが、子どもでも片づけやすいしくみは、当時から意識していました。そのおかげか、遊んだモノをもとに戻すといった、いわゆる「片づけ」は、2歳頃には自

7歳
親子一緒に
片づけするように

9歳
整理収納アドバイザー
2級を取得！

12歳
念願の
整理収納アドバイザー
1級を取得！

はじめてプロとして、
有料で仕事をしたときの様子。
当時小学6年生。

13歳
TVなどで大活躍！
初の著書も出版

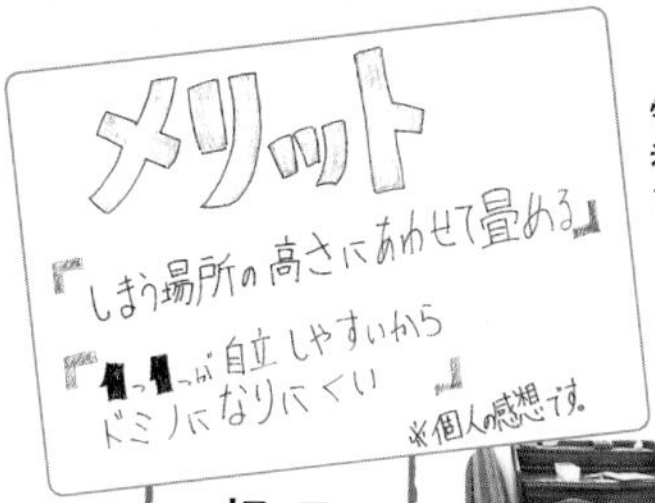
メリット
『しまう場所の高さにあわせて畳める』
『1つ1つが自立しやすいから
ドミノになりにくい』
※個人の感想です。

学校の授業で
洋服のたたみ方を
プレゼンしたことも。

15 14 13 12 11 10 9 8 7 6

然にできるようになっていました。

麻帆：片づけをすることを強要されたことはありませんが、片づいた部屋で暮らすことが心地よいということを実感していたので、自然と整理収納にも興味を持つようになっていったのだと思います。

幸子：片づけに対して一度苦手意識が芽生えると、克服するのに少し時間がかかるので、小さな頃から片づけが習慣化できると良いですね。

麻帆：資格を目指したのは母に勧められて何となくのことでしたが、整理収納のしくみや考え方を知ることができ、学んで良かったと思っています。改めて考えると、小さな頃から片づけを習慣にしてきたことが、勉強や生活のいろいろな場面で活きていると思います。

幸子：麻帆は旅行の荷物も少ないし準備も早い！親から見ても決断が早いなと感じます。これも整理収納を日常的に行ってきたことが活かされていると思うので、ぜひ多くの人に整理収納を楽しく学んでほしいなと思います。

片づけ上手に育つ！

年齢別片づけの学び方

成長に合わせて、片づけのノウハウや楽しさを知ってもらうと、子どもは無理なくそのしくみを理解して「片づけを楽しめる」「片づけが好きに感じる」大人へと成長してくれます。

0歳　1歳　2歳　3歳

見て学ぶ

「もとに戻す」を覚えよう！

※年齢は目安です。子どもの成長に合わせて学びましょう。

「片づけ」に挑戦！ 大人が片づける姿を見せよう

片づけ上手への道は、0歳からでもはじめられます。まずは、お遊びや食事の後、大人が片づける様子を見せてみましょう。「ボールはここにお片づけしましょうね」など、大人の動作をやさしい言葉で解説してあげると、より理解が深まり、語彙力も鍛えられます。

簡単なモノから自分で片づける体験を！

子どもが「自分で片づけてみよう」と感じはじめたら、おもちゃをひとつもとの場所に戻すなど、簡単なモノから片づけを任せてみましょう。きちんともとに戻せたらたっぷり褒めて「自信」と「自己肯定感」を高めてあげてください。きっと「明日も片づけをしよう」とモチベーションをアップしてくれます。

最初は「片づけ」に集中 「整理・収納」は次のステップで！

一般に言う「片づけ」は、「整理・収納・片づけ」の段階に分かれています。最も幼いこの時期は、でき上がったしくみにしたがってモノを戻す「片づけ」に集中すると、楽しさいっぱいの時間を過ごすことができます。

０～３歳のお部屋づくりのポイント

POINT 1 オープン棚収納を活用！

例えば引き出しは「引き出す」「しまう」「押し込む」のようにアクションがたくさんあります。オープン収納は、「空いている場所に戻す」だけで OK です。

POINT 2 子どもの目線の高さで！

子どもの目線を知るために、ときには部屋の中をハイハイしてどのように見えるのか確かめると良いです。危険な箇所にも気づくことができます。

POINT 3 お世話グッズは１カ所に

赤ちゃんのお世話グッズなどは１カ所に集めると使い勝手がアップ！　可動式ワゴンなどに収納して動かしやすくするアイデアも。

POINT 4 危険なモノは高いところ！

小さなおもちゃや薬など、子どもが誤って口にしてはいけないモノは、ケースに入れて高いところに収納します。

０～３歳の片づけのよくあるお悩みについては P37 へ GO!

4歳　5歳　6歳

「整理」に挑戦

「いる？　いらない？」を考えよう！

※年齢は目安です。子どもの成長に合わせて学びましょう。

「片づけ」の次は「整理」に挑戦！必要・不必要を判断する経験を

もとの場所に戻す「片づけ」を理解しはじめる4歳頃からは「いる？　いらない？」の判断に挑戦しましょう。例えば、最近あまり使わなくなったおもちゃを見せて「これはまだいる？　それとも、もういらないかな？」などと質問して、必要かどうか考えるトレーニングをしてみましょう。

はじめは判断・決断できなくてもだんだんコツがわかってくる！

はじめは何を基準に判断するか迷うことが多いです。「まだ使える」とか「もしかしたらまた使いたくなるかもしれない」など、いらないという決断をためらう要素がいくつかあります。「まだ使えるから年下のお友だちにプレゼントしようか？」「このおもちゃを最後に使ったのはいつかな？　もうずっと使っていないね」など、判断基準のヒントとなる問いかけをします。だんだんコツがわかって、正しく判断・決断できるようになります。

引き出し収納でアクションの数もアップラベリング収納にも挑戦！

はじめはオープン棚収納で簡単な片づけに挑戦した子どもたち。慣れてきたら引き出し収納にレベルアップしてみましょう。また、引き出しやケースに数字のラベルを貼って、「3番に片づけようね」などと声かけすると良いでしょう。成長に合わせて、ひらがな、カタカナのラベルへと範囲を広げます。

「いる？　いらない？」の選別で判断力・決断力が育ち、引き出し収納で複雑な体の動きが身につき、ラベリングによって読む力も伸びるなど、うれしい効果があります。

4～6歳のお部屋づくりのポイント

POINT 1 引き出し収納に挑戦しよう！

成長に合わせてアクションの数を追加します。面倒くさいと思う気持ちが消えて「引き出しは楽しい」と思えるまで応援してあげましょう。

POINT 2 ラベリングで子どもをサポート

数字やアルファベット、ひらがなやカタカナ、キャラクターのシールなどを使ったラベリングで、子どもの自立をサポートします。

POINT 3 通園・通学グッズは1カ所に！

保育園や幼稚園、小学校の荷物は1カ所にまとめることで身じたくしやすくなります。可動式のワゴンなら、玄関やリビングに移動できて便利！

POINT 4 身じたくコーナーで自立を！

成長に合わせて身じたくコーナーをつくると、自分で着るものを選び、身じたくしようという意欲がアップ。子どもの自立をうながします。

4～6歳の片づけのよくあるお悩みについてはP53へGO!

7歳 8歳 9歳

「収納」に挑戦

「収納方法」を考えよう！

※年齢は目安です。子どもの成長に合わせて学びましょう。

「片づけ・整理」の次は「収納」に挑戦 子どものアイデアを引き出そう

小学校低学年から中学年になると「ランドセルは玄関に置きたい！」や、「サッカーボールは玄関に専用の箱をつくって！」など、自分の考えが言えるようになります。できるだけそのアイデアを尊重し、子ども自身が片づけやすいと感じる収納のしくみを親子一緒に考えましょう。

収納計画を話し合うことで 考えをまとめ伝える力が育つ

はじめのうちは、不便に感じていることや、自分の希望が何なのかをはっきりと自覚できないことが多いです。「何に困っているか思いついたことを言ってみよう」や、「このおもちゃ、どこにしまいたいかな?」など、子どもの考えを引き出す声かけができると良いでしょう。

「適正量」についても少しずつ挑戦！ 大人でも難しい適正量の管理とは

「片づけ」「整理」「収納」と、成長に合わせて学びを深めた子どもたち。次はいよいよ「適正量」についても知ってほしいです。収納スペースには常に2～3割の余白（＝スペース）がある状態を保つよう心がけます。

モノを収納するスペースには限りがあります。「いる？　いらない？」の判断の際にも、収納スペースから逆算して、どのくらいなら持ち続けられるかを考えられるようになると、大人顔負けの片づけ上手さんになれます。

子ども部屋の整理収納と同時に、家の中のあらゆるモノの適正量を見直してみるのもおすすめです。小さな場所から少しずつ、無理のない範囲でチャレンジしましょう。

7〜9歳のお部屋づくりのポイント

POINT 1 100円ショップの収納グッズを活用しよう

整理収納についてあれこれ工夫する楽しさを覚える時期です。100円ショップの収納グッズなら気軽に試せるので、収納計画のトレーニングに最適です。

POINT 2 余白を残し適正量を保とう

本棚や引き出しには余白（＝スペース）を確保します。余白や適正量の意味の大切さについて子どもが理解できる言葉で伝えましょう。

POINT 3 通学グッズは1カ所に！

ランドセルや体操服、上履きなど、学校に持っていく荷物は１カ所にまとめます。可動式のワゴンなら、玄関やリビングに移動できて便利！

POINT 4 子どものアイデアを尊重！

収納場所や収納方法について、子ども自身のアイデアをできるだけ尊重します。不便に感じることを明確にして、その対策を考える習慣を身につけます。

7〜9歳の片づけのよくあるお悩みについてはP75へGO!

10歳 11歳 12歳

「半分自立」に挑戦

できるだけ自分でやってみよう！

※年齢は目安です。子どもの成長に合わせて学びましょう。

「自分の部屋は自分で整理収納」が合言葉！ 自立をサポートしよう

小学校高学年になると、自分の部屋を与えられる子が増えます。はじめて自分の部屋ができたときのうれしさをずっと覚えているためにも、部屋はキレイに使ってほしいものですね。子ども自身が整理↓収納↓片づけのサイクルを実現できる(＝自立する)よう大人がサポートしましょう。思春期がはじまる子どもたち。整理収納について話し合ったり、一緒に収納グッズの買い物に出かけたりすることでコミュニケーションの機会を増やすことにもつながります。

衣類の管理も子どもへシフト 成長に合わせて収納用品の更新も！

この頃には、衣類も自分で管理できるようになります。この機会にシフトしてみましょう。たたみ方やしまい方も一緒に伝えられるとベストです。また、これまでの衣装ケースが小さくて使いにくくなっている場合は、子どもの成長に合わせて見直すと良いでしょう。部屋のサイズ、収納場所の種類・数・大きさなどにより、収納できるモノの種類や上限が決まります。子どもが適正量の管理をしやすいように、目安を伝えてあげるなどのサポートが有効です。

長期休暇中の保管も考慮して収納計画を立てよう

小学校での勉強はどんどん幅広く、難しくなります。習字道具、絵の具、リコーダー、彫刻刀など、学用品も増加します。普段は学校のロッカーに収納しているモノでも、夏休みなどの長期休暇中は自宅に持ち帰ります。そのときの置き場も考慮して、収納計画に反映できると、いつでも部屋をキレイに保つことができます。

10～12歳のお部屋づくりのポイント

POINT 1 引き出しをスッキリと！

学習デスクの引き出しはごちゃごちゃしやすい場所です。整理、収納、片づけのサイクルを回すトレーニングに最適な場所です。

POINT 2 プリント類のしくみ化を！

授業中に配られるプリントやテストなど、毎日、大量の紙が部屋に運び込まれます。復習、保管、廃棄など、プリント類のしくみ化を進めましょう。

POINT 3 学用品は定位置を決めて管理

教科書、ノート、筆記用具はもちろん、絵の具や習字道具など学用品の数が増えます。それぞれ定位置を決めることで部屋をキレイに維持できます。

POINT 4 衣類は子ども管理にシフトする！

衣類の管理を子どもにシフトしましょう。たたみ方、しまい方、ハンガーの活用など、衣類管理はとても奥が深いです。できるところから少しずつでOK。

10～12歳の片づけのよくあるお悩みについてはP91へGO!

13歳以上

「完全自立」に挑戦

全部自分でやってみよう！

※年齢は目安です。子どもの成長に合わせて学びましょう。

子ども部屋の管理は子どもに移行 大人は静かにそっと見守ろう

中学生になったら、子どものスペースは子どもが全て管理するのが理想です。大人は、「あなたを信頼し、任せているよ」と言葉や行動で示して、静かにそっと見守りましょう。片づけが得意な子どもには、１００％任せられるようになります。

片づけが苦手な子どもには、親子一緒の片づけも効果あり！

一方、片づけが苦手な子どももいます。大人は子どもの片づけレベルに合わせてサポートします。一緒に片づけをしてあげるなどのサポートが有効です。子どもが「片づけよう」と立ち上がったとき「えらいね、手伝うよ」とあくまでも脇役として子どものサポートをする姿勢で接してみましょう。片づけを苦手に感じている子どものほとんどが、経験不足によるものです。

親子一緒の片づけの経験を積むことで次第に苦手が得意に変化します。頭ごなしの「片づけなさい！」よりも、寄り添うサポートのほうが効果絶大です。

友だちとおそろいのグッズや洋服などのモノが増える！

学用品・塾のテキストなど勉強に関する荷物の増加に加え、友だちとおそろいのグッズを集めたり、ファッションに目覚めて洋服が増えたり、趣味のモノをコレクションしたりと、あらゆるモノが増えてくる時期です。そのため、より一層の整理をすることが大切です。モノが増えたら、それと同じだけ減らす（＝手放す）ことを習慣にできると◎。適正量のキープを心がけます。勉強のモノと趣味のモノは分けて収納すると勉強に集中しやすい環境をつくれます。

13歳以上のお部屋づくりのポイント

POINT 1 配線はスッキリとまとめる

スマホ、タブレット、パソコンの電源コードなどをスッキリまとめます。オンライン授業に参加する際などに、使用場所までコードが届く配線にします。

POINT 2 プリント管理をアップデート！

中学生になると勉強したプリントの保管とともに、提出予定のプリントの保管も重要なテーマになります。小学生のときのルールをアップデートしましょう。

POINT 3 勉強・部活道具を定位置に！

毎日使う勉強・部活道具は定位置を決めて、帰宅後すぐに戻す習慣を身につけましょう。道具が増えたときは、その定位置も決めましょう。

POINT 4 趣味のモノは学習スペースと分ける

趣味のモノは、できるだけ勉強中に見えない位置に飾るのがベター。大好きなモノは見るだけで楽しいので、見せる収納にするのもおすすめです。

13歳以上の片づけのよくあるお悩みについてはP103へGO!

親子で一緒にはじめる

上手な片づけの3ステップ

片づけ上手になるには、整理→収納→片づけのしくみを理解することが大切。これから紹介する基本ステップを親子で学び、片づけのコツを掴みましょう。

理想の片づいた部屋ってどんな部屋？

片づけのゴール＝目的が何かを考えよう

将来お医者さんになりたい子どもとスポーツ選手になりたい子どもでは、必要な勉強が違うように、**片づけもゴール＝目的によって一人ひとりの正解が異なります。**

例えば、「モノがないスッキリした部屋が理想」という人と「好きなモノに囲まれた部屋が心地よい」という人では、整理収納の方法が異なります。そのどちらも正解。**まずは、自分にとっての片づいた部屋とはどんな状態かを考えることからはじめてみましょう。**

好きなモノがキレイに飾ってある部屋が心地よいよ
床にモノがなくて掃除しやすい部屋が良いわ！
とにかくモノが少ない部屋が良いに決まってる！
おもちゃが使いやすい部屋が良いな♪

片づいた部屋をつくるには？

～衣類の整理・収納・片づけの例～

片づけのゴールが決まったら、最初にやるべきはモノをしまうことではなく、いったん全てのモノを出して「いる・いらない」に分けること。整理する前に収納や片づけをしても、本当の意味で片づいた部屋は手に入りません。

STEP 1

必要なモノを選ぶ「整理」をしよう

自分にとっての適正量を知り必要なモノを選ぶ

部屋を片づけようとすると、収納ケースを買ってきて、詰めて終わりという人が多くいますが、それはNG。必要ではないモノが多い状態は使いにくく、いったん気合いを入れて片づけたとしても、またすぐにごちゃごちゃした状態に戻ってしまいます。

まずは、自分の持つべきモノの適正量を知ること。そのためには、「必要なモノ」を見極め、「必要ではないモノ」を手放すことが大切です。

手放すとは、ゴミ箱に捨てることだけではありません。友人にゆずる、リサイクルショップに出すなど、さまざまな手放し方があるので、自分に合った方法を見つけましょう。

「整理」の流れ

1. 全部出す　2. 分ける　3. 選ぶ

モノの分け方

種類ごと

☑衣類　☑日用品　☑学用品 など

頻度ごと

☑毎日使う　☑週２～３回使う　☑月に数回使う など

使う場所ごと

☑キッチンで使う　☑リビングで使う
☑子ども部屋で使う など

適正量…ライフスタイルに合った必要なモノの量。

整理をすると、どんな効果があるの？

時間の効果

部屋が整理されていれば、探し物に時間を費やすこともなく、掃除や片づけも短時間で終わり、空いた時間を他のことに使えます。

（例）

- 探し物の時間が減って遊ぶ時間が増える
- 掃除や片づけが短時間で終わる
- 朝の準備がスムーズになる　　など

整理をすると
3つのうれしい
効果が
あります！

整理の3つの効果

お金の効果

部屋がスッキリ片づき、どこに何があるか把握できていれば、同じモノを２回買ってしまうといった間違いがなくなります。

（例）

- ムダなモノを買うことがなくなり、必要なモノにお金をかけることができる。
- お金がたまりやすくなる。

など

気持ちの効果

部屋が散らかっていて、探し物が見つからないとイライラしてしまいがちです。部屋がスッキリ片づいていれば、心もスッキリして気分が落ち着きます。

（例）

- 探し物が見つからないことによるイライラが減る
- いつでも友だちを家に招くことができる
- 気が散るモノがないので、勉強に集中できる　　など

STEP
2

取り出しやすく収める「収納」をしよう

使用する場所や頻度に合わせてモノの収納場所を決定する

整理をして必要なモノとそうでないモノに分けたら、必要なモノだけを適切な場所に収納します。使用する場所や使用頻度に応じて収納場所を決定しましょう。

例えば、一緒に使うモノは同じ場所にまとめてあると使いやすいです。さらに、よく使うモノは取り出しやすい位置に、あまり使わないモノは手が届きにくい高い場所にといったように、使用頻度に合わせて収納場所を決めます。収納する場所が決まったら、ラベルを貼って完成です。

使用する場所や頻度に合わせてモノの収納場所を決定すると、取り出しやすい収納を実現できます。

適切…状況・目的にぴったりと当てはまってふさわしいこと。

頻度…どの程度の期間や間隔で繰り返し起こるかを示す度合いのこと。

上手に収納するポイント

1　適正量を守り余白を残す

収納スペースに対してモノがぎゅうぎゅうだと、取り出しにくく部屋が再び散らかる原因に。２～３割の余白ができるのを目安に、適正量を決めよう。

2　使う場所の近くに収納場所をつくる

玄関で使うモノは玄関に、リビングで使うモノはリビングにといったように、使う場所の近くに収納場所があると使いやすく、片づけもラクになる。

3　使用頻度に合わせて収納場所をつくる

使用頻度の高いモノは取り出しやすい場所に、使用頻度の低いモノは取り出しにくい高い場所に収納すると、ムダなく収納スペースを活用できる。

4　一緒に使うモノはひとつにまとめる

赤ちゃんケアグッズやお絵かき道具など、一緒に使うモノは同じ場所にまとめて収納することで、使い勝手が良くなる。

5　モノの定位置をつくり、戻す場所を決める

収納する場所が決まったら、ラベルを貼って、誰でもひと目で片づける場所がわかるようにするとリバウンドを防げる。

リバウンド…もとの悪い状態に戻ってしまうこと。
片づけの場合は、主にもとの散らかった状態に戻ってしまうことを指す。

STEP 3

使ったらもとに戻す「片づけ」をしよう

整理収納ができていれば片づけるのは簡単！

一般的に、整理収納のことも全部含めて「片づけ」と呼ぶことがありますが、本来「片づけ」は、使ったモノをもとの位置に戻すことを指します。つまり、整理収納をしてモノの収納場所が決まっていれば、単純に使ったモノをもとに戻せば良いだけなので、大切な時間を費やして片づける必要はありません。

収納場所が決まっていないと、使ったあとそのままテーブルや床の上にモノを置きっぱなしにしてしまいます。収納場所を決めることはとても重要です。

整理収納ができていれば、片づけるのは簡単。使ったらもとに戻す片づけをしましょう。

ライフステージ…幼稚園、小学校、中学校など、人生の節目で区切った段階（ステージ）のこと。

STEP1～3のルールでできる！

片づいた部屋をキープするポイント

POINT 1

「ひとつ買ったら ひとつ手放す」を習慣に

収納場所には限りがあるので、適正量を維持することが、片づいた部屋を保つ秘訣。新しいモノをひとつ買ったら、これまで使っていたモノをひとつ手放すのを習慣にすると、モノの数が増えるのを防ぐことができる。

新しい
マグカップを買ったから、
今まで使っていたモノは
手放すよ♪
おそろいだね♥

POINT 2

収納法を 定期的に見直す

ライフステージの変化によって必要な持ち物が変わったり、身長が伸びてこれまでちょうど良かった収納棚の高さが合わなくなるということも。定期的に整理収納を見直し、今の自分に合った収納に整えることが大切。

使い……
棚が低くて使いにくく
なってきたら高さを見直そう

消しゴム
クリップ
ふせん
のり
ペン
ハサミ
電卓

POINT 3

ラベリングで 誰が見てもわかるように

家族共有のスペースでは、誰か一人だけがモノの収納場所を知っていても、残りの家族が知らないと、モノが散らかる原因に。ラベリングをして誰が見てもモノの収納場所がわかるようにすると、散らかりにくい。

ラベリング…収納ケースなどにラベルを貼り、中に何が入っているかわかるようにすること。
本書では主に、ラベルプリンターでラベルシールを貼ったり、
写真のラベルを貼ったりすることの意味で使用。

実践！
基本編

身近で1番小さな場所から整理収納をしてみよう

子ども向け

整理収納するモノ → **筆箱**

まずは一番身近な筆箱から整理収納をはじめてみましょう。筆箱に入っている筆記具の数を確認し、本当に必要なモノを選んで筆箱に戻してみましょう。

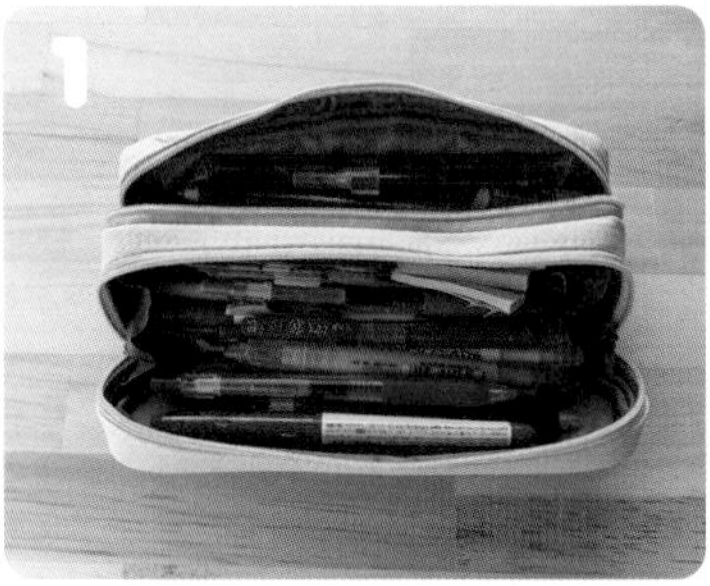

筆箱を用意しよう

筆箱を用意し、状態をチェック！　筆箱がパンパンだったら適正量をオーバーしている証拠。

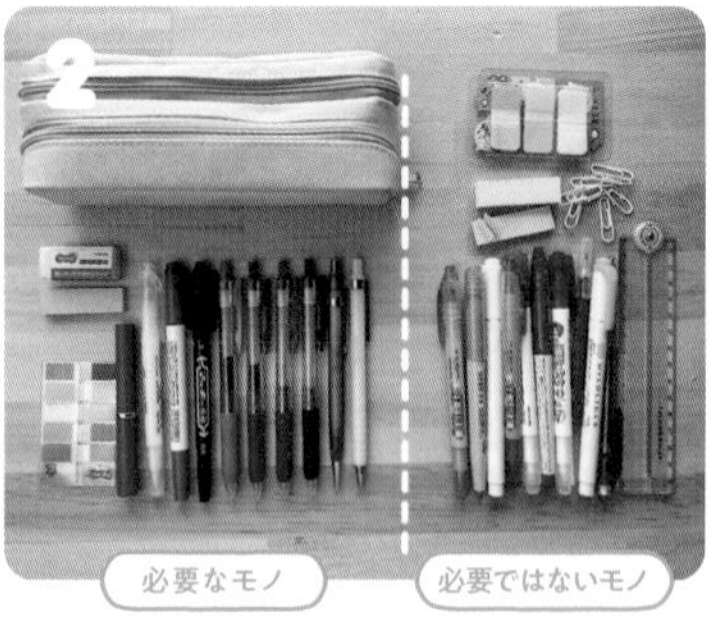

必要なモノと必要ではないモノに分ける

中身を全部出し、必要なモノと必要ではないモノに分ける。このとき、シャーペン、ボールペン、蛍光ペンなど、種類別にまとめながら分けるのがポイント。

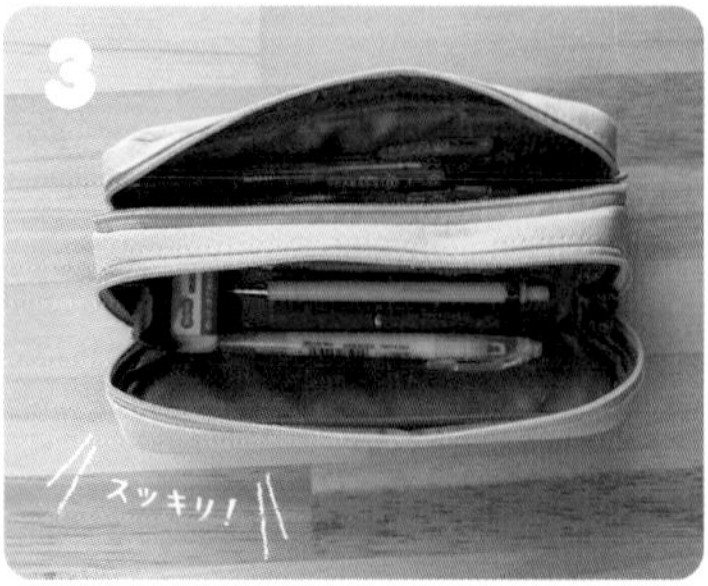

必要なモノのみ筆箱に戻す

普段使っていないペン類や、2個以上入っている消しゴムや定規などを除き、必要なモノのみ筆箱に戻せば、スッキリ！

大人向け

整理収納するモノ → 財布

大人は身近な財布でチャレンジ。財布を開けてレシートやカード類が溜まっている人は要注意です。毎日使う財布には、使用頻度が高いモノを厳選して収納しましょう。

財布を用意しよう

財布を用意し、状態をチェック！　レシートがはみ出していたり、パンパンになっていたりしたら、適正量をオーバーしている証拠。

中身を出して分類する

財布の中身を全部出し、お金、レシート、カード類に分ける。

必要なモノと必要ではないモノに分ける

一定期間使っていないカードは、必要ではないモノに分けると、財布がスッキリする。

必要なモノのみ財布に戻す

必要なモノのみ財布に戻せば整理収納の完了。レシートは溜まりやすいので、毎日寝る前に整理するなど、見直すタイミングを決めて習慣にすると◎。

POINT

使用頻度の低いカードは、財布とは別のカードケースに収納するのがおすすめ。必要なときのみ持ち歩くことができる。

実践！
応用編

ごちゃごちゃな引き出しを整理収納してみよう

Before

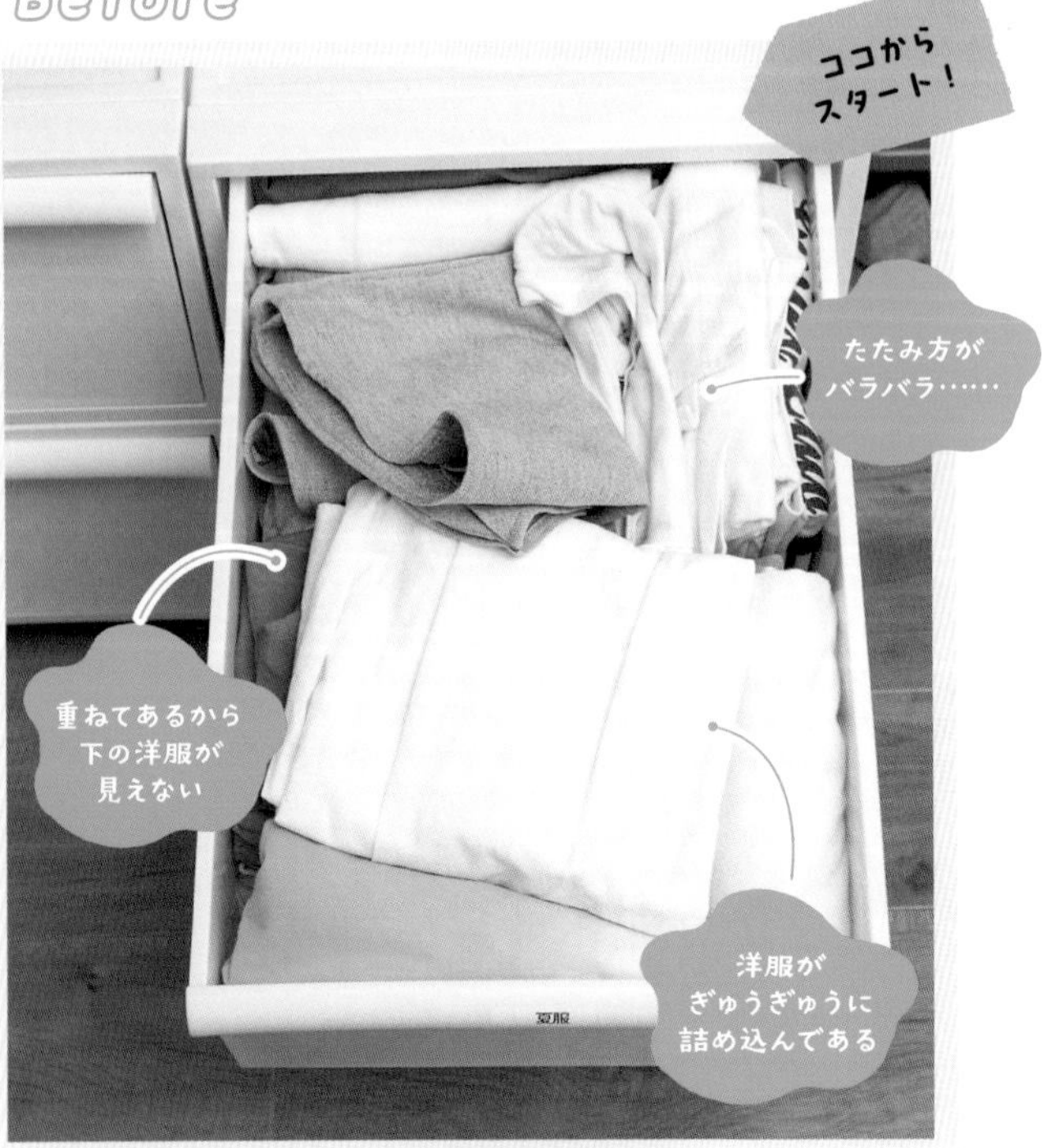
ココから
スタート！
たたみ方が
バラバラ……
重ねてあるから
下の洋服が
見えない
洋服が
ぎゅうぎゅうに
詰め込んである

1

引き出しの中の状態をチェック

引き出しの中をチェック。洋服がぎゅうぎゅうに詰め込まれた状態は明らかに適正量オーバー。たたみ方もバラバラで選びにくい。

2

種類ごとに分けて全部出す

まずは引き出しひとつからスタート。トップスの引き出しであれば、Tシャツ、羽織物といったように種類ごとに分けながら全部出す。

After
夏服
いつか着るかも……の
いつかはきません！
１年間一度も着ていない
洋服はできれば手放して。

洋服の色をグラデーション
に並べることで、自分の
好みがわかり、手放す
洋服が見えてきます。

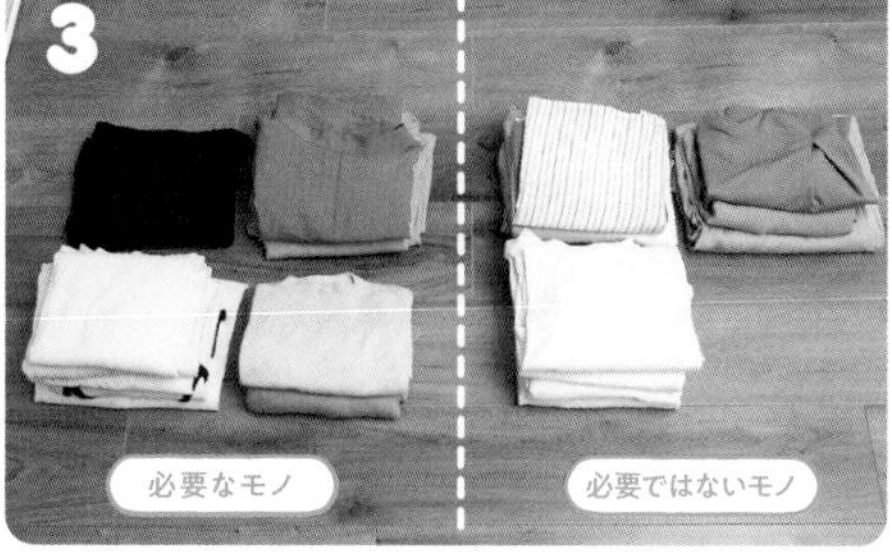
3
必要なモノ
必要ではないモノ

必要なモノと必要ではないモノに分ける

必要なモノと必要ではないモノに分け、必要なモノのみ戻す。「同じ色や素材のモノが複数ある場合はお気に入りを残す」など、ルールを決めると手放しやすくなる。

片づけ column

収納グッズは長く使えてさまざまな用途で使えるモノを選ぼう

近年はさまざまな収納グッズが販売されていて、何を買えば良いかわからないという人も多いのではないでしょうか？　子ども用の絵本棚や収納ラックなど、専用の商品は確かに便利でつい欲しくなりますが、ある一定の時期しか使えないモノは、その時期を過ぎると使い道がなくなり、ム

～ワゴンの例～

乳児期

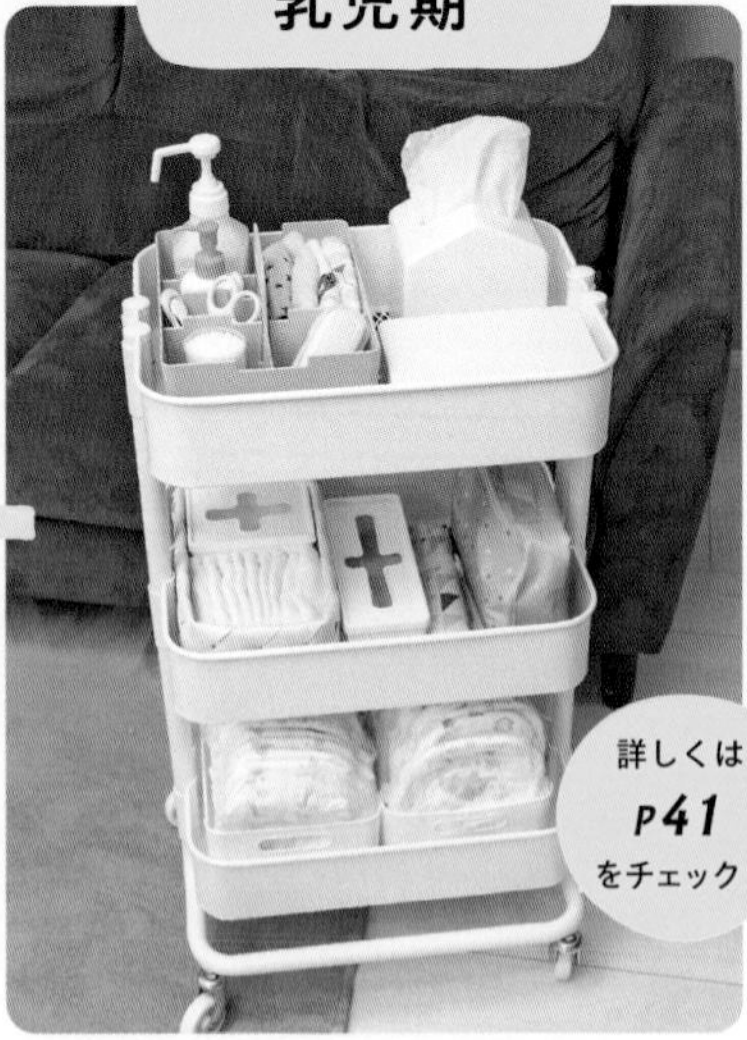

詳しくは P41 をチェック！

イケアのロースコグ ワゴンに赤ちゃんのお世話グッズを収納。可動式なのでおむつ替えも楽チン。

幼児期

詳しくは P73 をチェック！

幼稚園に入園したら、登園グッズを収納する身じたくワゴンに変身！ ハンガーをかけたりマグネットをつけたり。

ダになることも多いです。
　収納グッズに悩んだら、長く使うことができそうかという視点で考えてみてください。例えば、赤ちゃん用のおむつなどお世話グッズを収納するおむつストッカーは、おむつをはかなくなる頃には使い道がなくなってしまいます。しかし、おむつストッカーの代わりに可動式のワゴンを使えば、おむつを卒業してからも、幼稚園、小学校の身じたくワゴンや大人のアクセサリー収納ワゴンなどとして、ずっと使い続けることができます。
　また、ブックエンドやはがきケースは、本来の用途以外に、仕切りや収納ケースとしていろいろな活用法があります。
　このように長く使い続けることができる収納グッズを選ぶことで、ムダなモノが減って部屋が片づくのはもちろん、金銭的にも余裕が生まれ、モノを大切にする心も育まれます。

学童期

詳しくは P73 をチェック！

小学生になったら、ランドセルや体操服などの学用品を収納。教科書やノートなどの勉強グッズを収納しても OK。

思春期以降～大人

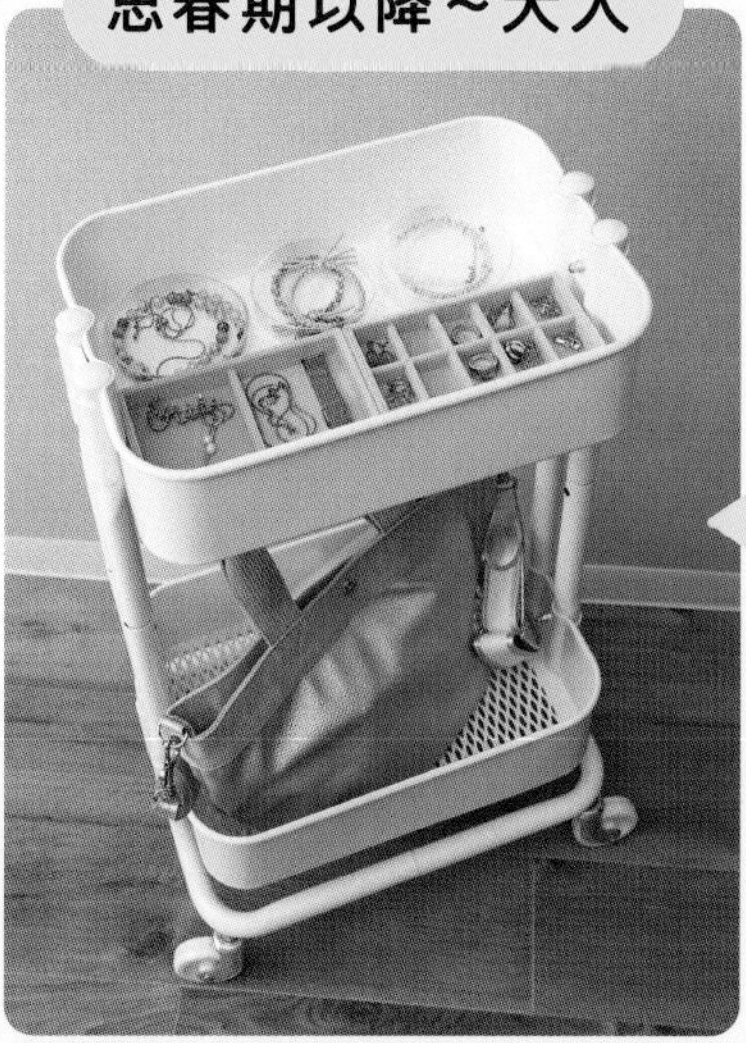

身じたくワゴンが必要なくなったら、自由に好きなモノを収納。家の中で移動して持ち運びたいモノの収納に◎。

おすすめ整理収納グッズ

我が家で愛用している整理収納グッズをご紹介！
さまざまな用途で使え、長く使えるモノばかりなので、ぜひ参考にしてください。

ラベルプリンター

収納場所が決まったら、ラベルを貼って定位置をつくるための便利なアイテム。市販のインデックスシールなどでも代用できます。

丸シール

パズル収納（P47参照）や、きょうだいのモノを色分けするときなどに活躍。100円ショップなどで手軽に購入できます。

マスキングテープ

丸シール同様きょうだいのモノを色分けしたり、子どもの作品を飾る目印にしたり（P57参照）など、あると便利なアイテム。

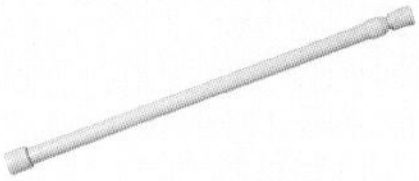

つっぱり棒

壁面や隙間を使って収納するときのお役立ちグッズ。収納スペースが少ない家庭に特におすすめです。

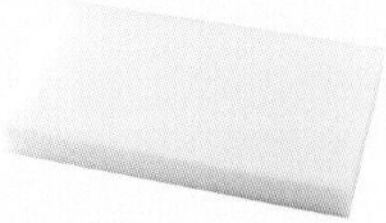

メラミンスポンジ

掃除以外にも、引き出しの中のガタつき防止（P93参照）や、底上げ（P41、45参照）など、さまざまな用途で使えるアイテム。

ブックエンド

ブックエンドとして使うのはもちろん、複数を組み合わせて、仕切りとして活用できます（P65参照）。

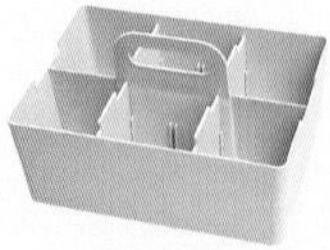

取っ手つきケース

取っ手がついたケースは、家の中の持ち運びに最適。仕切りがあるモノなら、文具やヘアアクセサリーなど細々したモノもスッキリ収納できます。

ファイルボックス

書類を入れるのはもちろん、フライパンを入れたり洗剤のストックを入れたりなど、さまざまな収納ケースとして大活躍してくれます。

はがきケース

薬収納（P39参照）や、文具、キッチン小物など、細々したモノの収納ははがきケースにお任せ！　カード類の収納にもピッタリです。

PART 2

0~3歳のよくあるお悩みケーススタディ

まずは大人が整理収納のしくみをつくる時期。
赤ちゃんのお世話グッズやおもちゃなど、
新しく増えるモノの整理収納方法を見直し、
スッキリ片づいた部屋を目指しましょう。

theme: 赤ちゃん対策

「口に入れたら危険なモノ」どうやって収納するの？

常備薬や救急用品は、いざというときのために身近な場所に置いておきたいけれど、赤ちゃんが誤って口に入れないか心配です。何か対策はありますか？

ママのお悩み

幸子：**赤ちゃんが安全に過ごせる環境づくりが何よりも大切です。薬や工具など、手にすると危険なモノは、ケースに入れて赤ちゃんの手が届かないような高いところに置きましょう。**無印良品のスチール工具箱は赤ちゃんが簡単に開けられない丈夫なつくりで、中も整理しやすいのでおすすめです。フタにマグネットがつけられるので、湿布などの平らなモノは、貼りつけて収納できます。

麻帆：量が少なければ、「飲み薬」「塗り薬」「救急セット」など、種類ごとに分けてはがきケースに入れ、引き出しにしまっても良いと思います！

幸子：薬や湿布は箱から出して、薬の説明と一緒に仕切りのあるケースに入れておくと残量がわかりやすく、コンパクトに収納できますよ。

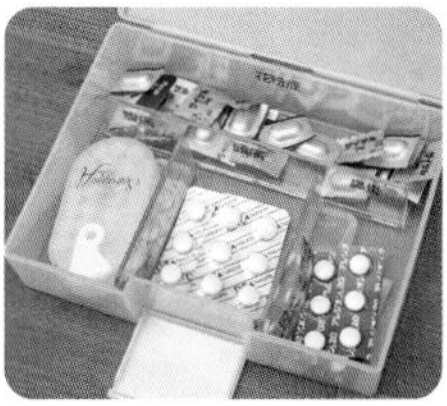

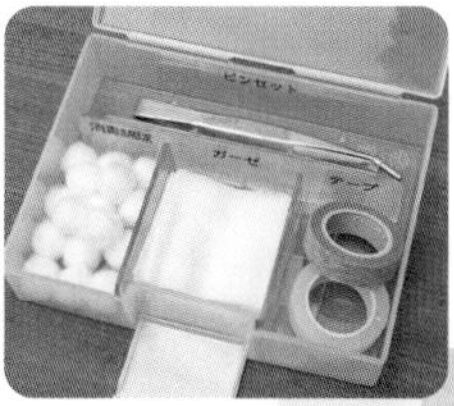

仕切り板を使い、箱から出して小分けに収納すると使いやすい。ラベルを貼り、何がどこに入っているかひと目でわかるようにすることが大切。

これで解決！

はがきケースに入れて引き出しや高い場所に収納しよう

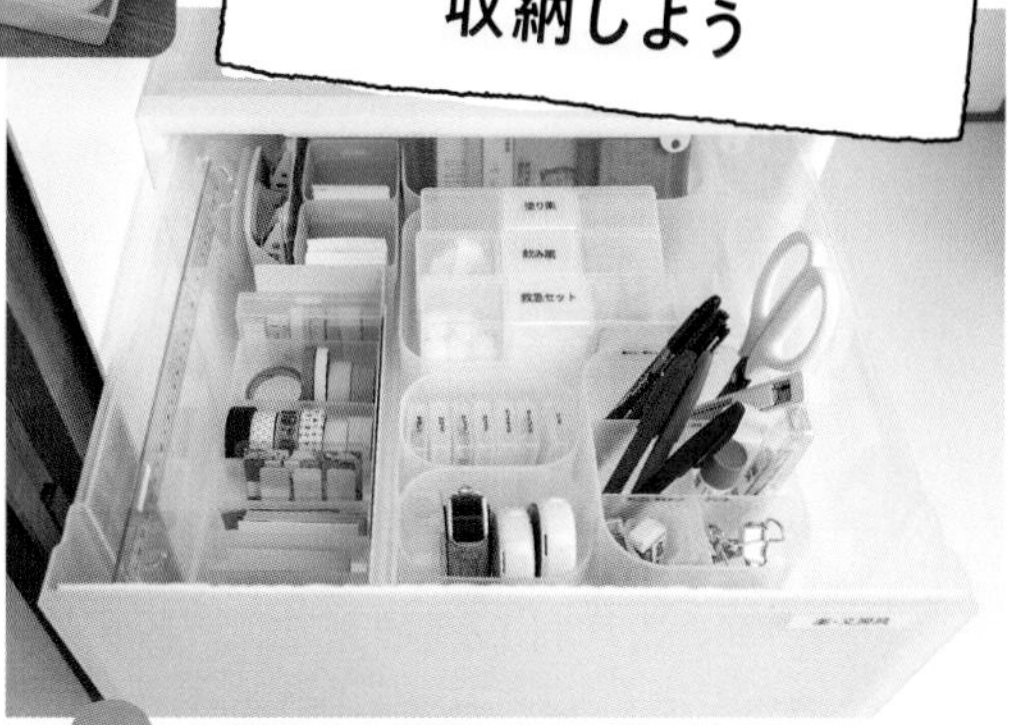

薬や救急用品を種類ごとに分けてはがきケースに入れ、引き出しに収納します。ケースの中は、SeriaのL字透明仕切り板を使って仕切ることで、取り出しやすくなりますよ。

麻帆

使用ITEM

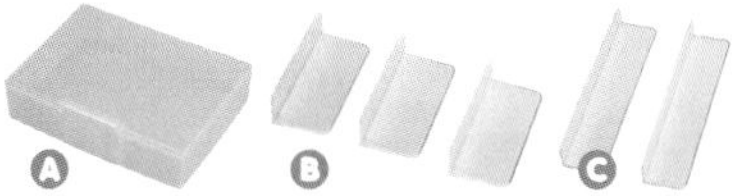

A B C

Aはがきケース、B L字透明仕切り板 粘着テープ ショート3個、C L字透明仕切り板 粘着テープ ロング 2個〈BCともに Seria〉

これで解決！

工具箱を仕切ってスッキリ！

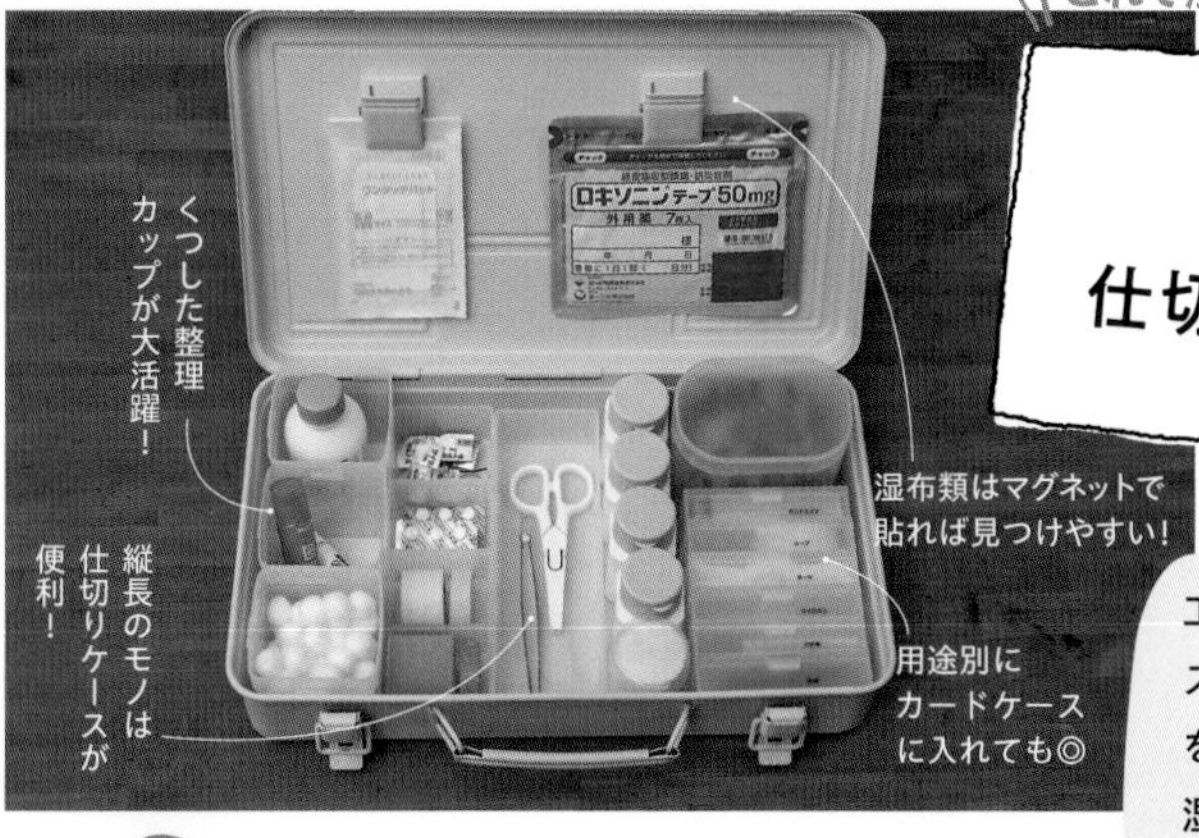
ロキソニンテープ50mg
くつした整理カップが大活躍！
縦長のモノは仕切りケースが便利！
湿布類はマグネットで貼れば見つけやすい！
用途別にカードケースに入れても◎

工具箱の中は、カードケースや、くつした整理カップを使って収納しています。湿布はフタにつけたマグネットに挟んでおくと使いやすく、二度買いの防止につながります。

幸子

使用ITEM

Aスチール工具箱3〈無印良品〉、Bマグネットクリップ小〈DAISO〉、Cポリプロピレンデスク内整理トレー3〈無印良品〉、Dカードケース、Eくつした整理カップ M（3個入り）〈イノマタ化学〉

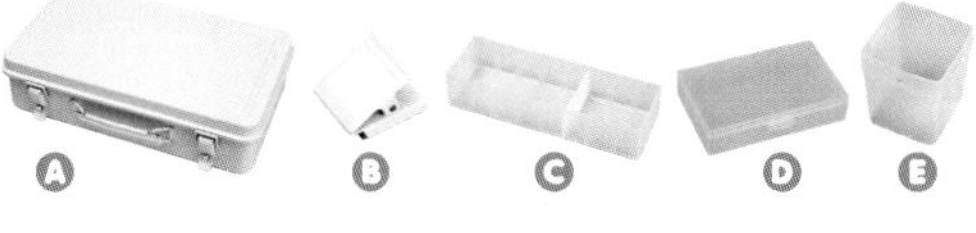

A B C D E

theme: 赤ちゃんグッズ

「毎日使う赤ちゃんお世話グッズ」置き場所に困っています

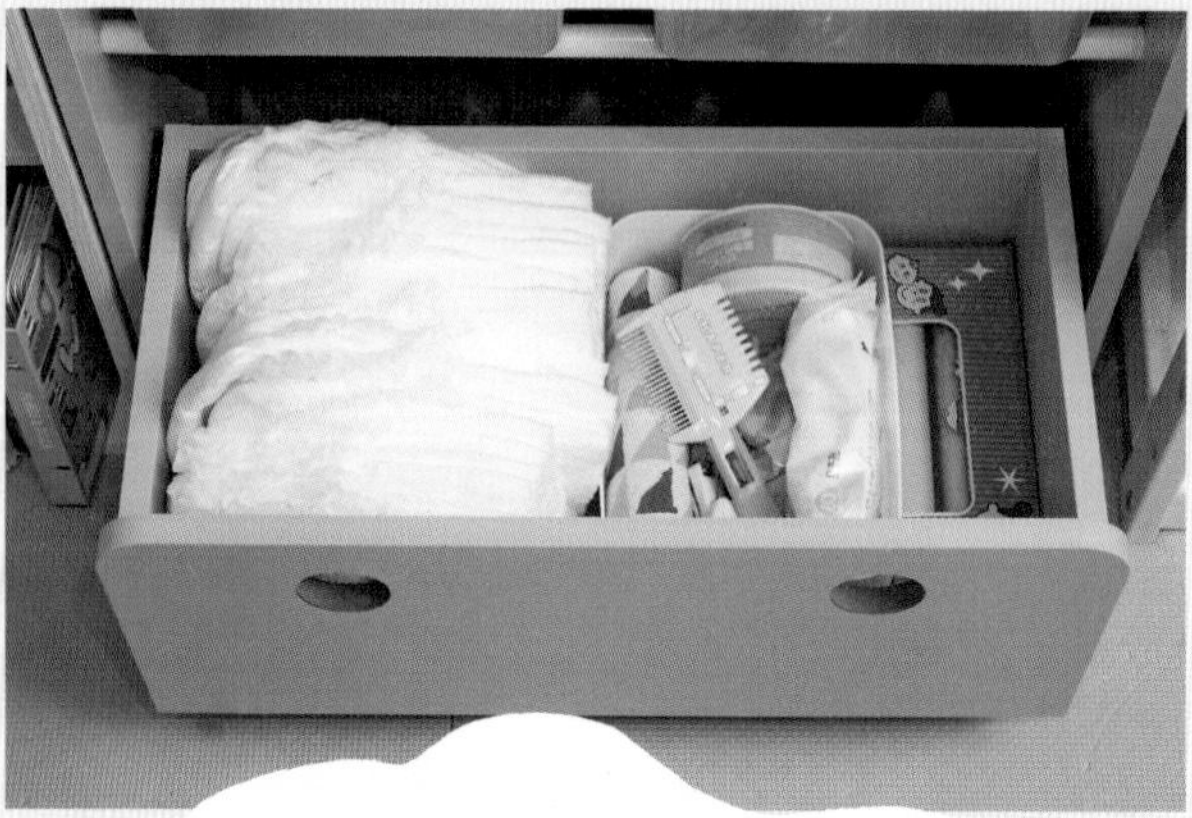

ママのお悩み

細々したモノがたくさんあって、どうやって収納すれば良いかわかりません。使いたいときにサッと取り出せる収納法を教えてください！

幸子：**毎日使う赤ちゃんお世話グッズは、1カ所にまとめて収納することがポイント**です。

麻帆：赤ちゃんお世話グッズ専用の収納ケースも多数販売されていますが、一般的な収納ケースを利用して長く使うのも◎。

幸子：赤ちゃんのお世話グッズは家の中のさまざまな場所で使うので、**持ち運びしやすいかという視点で選ぶと良い**ですね。私のおすすめはイケアのロースコグ ワゴン。可動式なので自由に移動できるうえに、赤ちゃんが大きくなってからも別のモノを収納して使い続けることができます。ワゴンの中は、仕切りケースを使ってモノの収納場所を決めましょう。毎日の作業がとても楽になりますよ。

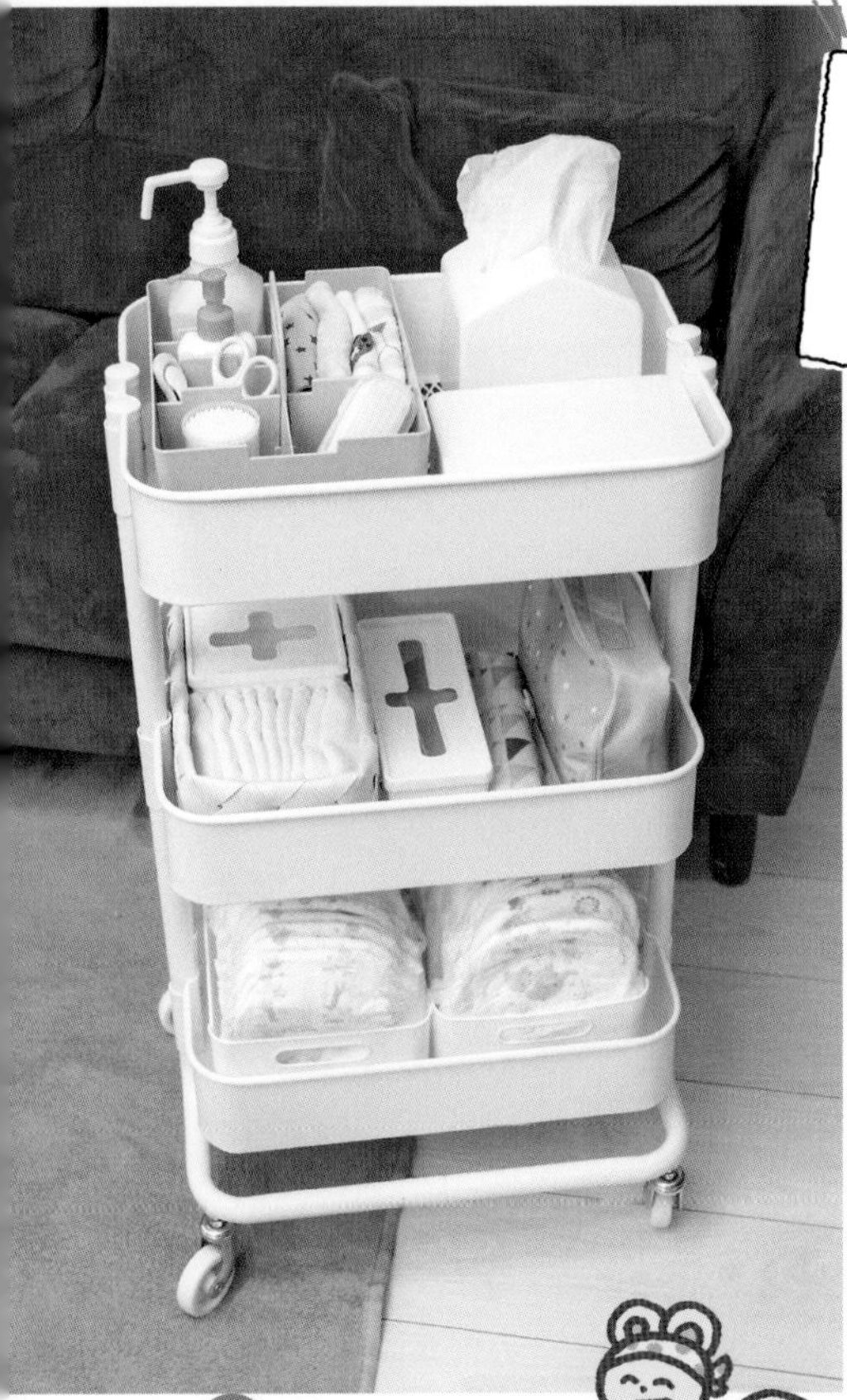

これで解決！

可動式ワゴンなら移動もラクラク

段ごとの説明

1 段目　高さのあるモノ・使用頻度の高いモノ

高さがあるモノや頻繁に使うモノは、かがまず取れる上段に収納。持ち運びもできるよう、取っ手つきのケースに収納するとさらに便利。

ケースの高さより低いモノをしまう場合は、メラミンスポンジで底上げすると取り出しやすくなる。

2 段目　1段目よりも使用頻度の低いモノ

ワゴンの中は、使うモノごとに分けてケースに入れると使い勝手がアップ。ケースの色とワゴンの色を統一するとスッキリとした印象に。

3 段目　おむつ

おむつ替えの際、赤ちゃんを寝かせた状態でさっと取り出せるので、下段に収納すると使いやすい。おしりふきシートもセットにしておくとラク。

幸子

使用ITEM

Ⓐロースコグ ワゴン ホワイト〈イケア〉、Ⓑスマホを立て掛けられる収納キャリーボックス、Ⓒ洗えるバスケット レクタングル S〈Ⓑ、Ⓒともに KEYUCA〉、Ⓓプルアウトボックス ロング、Ⓔプルアウトボックス トール〈Ⓓ、Ⓔともに Can★Do〉、Ⓕワゴンストッカー L型 ホワイト（約18.8×28.2×12.2㎝）〈Seria〉

頻繁に使うモノは取り出しやすい位置にまとめて収納することで、使い勝手がアップ！お世話グッズは家のいろいろな場所で使うので、可動式ワゴンのように移動できると便利です。

0~3歳のお悩み

「おむつのストック」気がつくとストック切れでアタフタ

theme: 赤ちゃんグッズ

これで解決！

ストックの量を決めて在庫管理を

おむつ袋の切り方

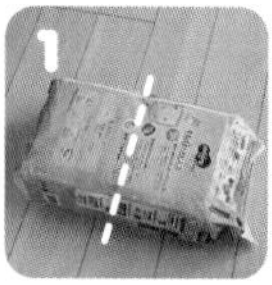

1 カッターでおむつの袋の真ん中を切る。
2 両方の側面を切る。
3 つながっている面を起点に半分に折る。

この方法なら、おむつを袋から収納ケースに詰め替えるという作業を減らすことができます。切ったおむつの袋をカゴなどに入れておけば、あと何枚残っているかがひと目でわかるので、ストック切れであわてる心配もありません。

麻帆：**おむつなどの消耗品は、在庫管理のしくみをつくっておくことが大切**です。

幸子：「残りが何個になったら買い足す」というルールを家族で決めておくと良いですね。例えば我が家では、ティッシュを買ってきたら、最初に全体のうちの2個をゴムバンドで留めておき、ゴムバンドを外して残りを使うときにストックを買い足すようにしています。この方法で、ストック切れであわてることがなくなりました。

麻帆：また、おむつのように頻繁に使うモノは、フタのないカゴなど、**在庫の量がパッと見てすぐにわかるところに収納しておくと良い**と思います。おむつの場合はいろいろな場所で使うので、持ち運びしやすい収納ケースを使うと便利です。

0~3歳のお悩み

theme: おもちゃ

「散らかるボール」毎日片づけるのが大変です

これで解決！

ボールプール収納なら片づけも楽チン♪

上の写真で使っている赤ちゃん用のベビープールは、直径約48cmとボール類を収納するのにちょうど良い大きさ。軽くて移動しやすく、ミニチュアボールプールのようで、子どもも楽しんで遊んでくれると思います。

幸子：子どもが大好きなボールのおもちゃ。「自由に遊ばせてあげたいけれど、片づけの負担も減らしたい」というのが親の本音だと思います。

麻帆：ボール類は、コロコロ転がって気がつくと部屋中に散らばってしまうので、毎日片づけるのが大変ですよね。

幸子：こういった**子どもが頻繁に使ううえに散らかりやすいモノは、放り込むだけといった簡単収納がおすすめ**です。私のイチオシは、赤ちゃん用のベビープール。プールの中に入れるだけなので片づけるのが簡単で、子どもが遊びやすいのもポイントです。

麻帆：見た目もかわいいので、部屋の中に置いていても邪魔にならないのが良いですよね。

theme: おもちゃ

「増え続けるおもちゃ」収納スペースが足りません

おもちゃがどんどん増えていっこうに片づきません。収納ケースにごちゃごちゃに入っているので使いにくいのか、せっかく買ったのに子どもがあまり遊んでくれないのも悩みです。

パパのお悩み

幸子：おもちゃは子どもが欲しがるとつい買ってあげたくなってしまいますが、収納スペースに合った量をキープすることがとても重要です。おもちゃが増え続ける最大の原因は、使っていないおもちゃがそのままにされていること。まずはおもちゃを全部出し、今現在使っているモノとそうでないモノに分けてみましょう。

麻帆：**たくさんありすぎると、何で遊んだら良いかわからなくなってしまうので、量を減らして見やすく収納してあげるのが良い**と思います。

幸子：遊び終わったあとに、子どもが自分でもとの位置に片づけられるよう、**ラベルを貼っておくのもポイント**。子ども自身で片づけられるようになると、親の負担も減るので一石二鳥です。

これで解決！

オープン収納で片づける負担を軽減！

おもちゃを種類ごとに分け、同じ色の収納ケースに入れると見た目もスッキリします。片づけやすいようラベルを貼ると良いですね。0～3歳頃は目に入ったモノで遊ぶことが多いので、おもちゃの数は厳選し、見やすいように収納してあげると良いですよ。

POINT 1

使っていないおもちゃを分ける

子どもが遊ばなくなってきたおもちゃは、いったん見えない場所に保管し、一定期間が過ぎたら手放そう。

POINT 2

ケースと棚にラベリングする

ケースとそのケースをしまう場所にラベルを貼っておくと、どこに戻せば良いか誰が見てもひと目でわかる。

POINT 3

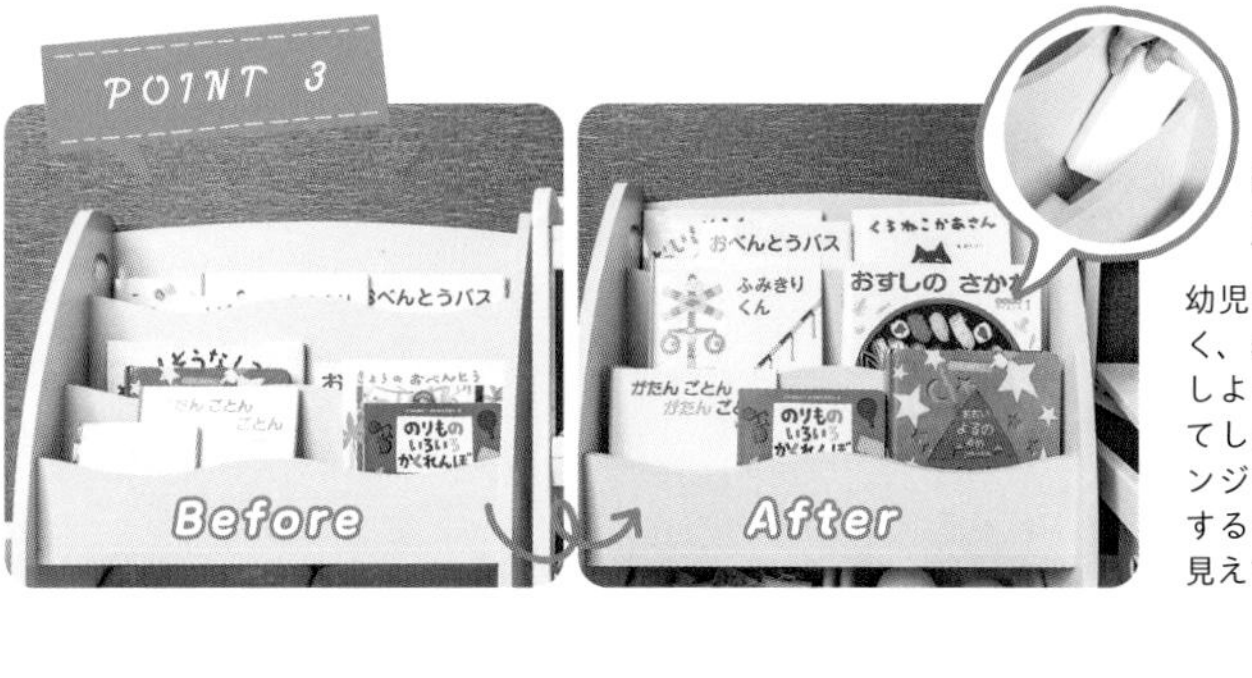

絵本棚はメラミンスポンジで底上げ

幼児の絵本は小さいモノが多く、表紙が見えるように収納しようとしても、棚に埋もれてしまいがち。メラミンスポンジを絵本棚に入れて底上げすることで、表紙がしっかり見えて取り出しやすくなる。

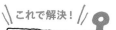

theme: おもちゃ

「いつも足りないパズルのピース」おすすめの片づけ方法は？

子どものお悩み

パズルのピースがごちゃごちゃで、全然見つからないよ。頑張ってつくって「もうすぐ完成だ！」と思ったら、ピースが足りないこともあってすごくイヤなんだ。

幸子：収納法は、子どもの年齢や持っているパズルの数によっても変わってきます。**年齢が低い場合は、取り出しやすさ重視で、横置きに収納するのが便利**です。

麻帆：**ひらがなが読めて自分でパズルの場所を探せるようになってきたら、ファスナーつきの袋に入れて立てて収納すると、場所を取らずにスッキリ収納できます。**

幸子：また、複数のパズルのピースが混ざらないようにするには、丸シールが便利！　電車パズルは緑、車のパズルは青といったようにパズルの種類ごとに丸シールで色分けをし、台紙とピースにそれぞれ貼っておけば、複数のピースが混ざってしまったとしてもすぐに分けることができます。

幸子 使用ITEM

木製書類トレー A4 2段〈無印良品〉

これで解決！

横置き収納なら小さな子どもでも使いやすい♪

パズルの絵柄が見えて、小さな子どもでも取り出しやすいのがポイントです！

これで解決！

ファスナーつきの袋に入れて丸シールで色分けしよう

パズルの台紙とピースの裏に同じ色の丸シールを貼っておけば、複数のピースが混ざっても安心。

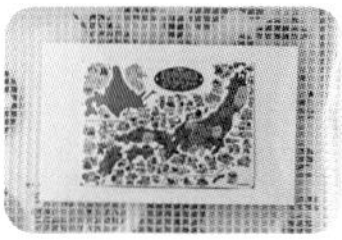

パズルの写真をプリントしてラミネートし、収納袋に貼っておくと、中身がわかりやすい。

ネームタグに何のパズルが入っているか書いておくと、立てて収納したときも選びやすい。

ファスナーつきの袋に入れて立てて収納すると、狭いスペースで収納できます。丸シールやネームタグなどを使い、収納袋、パズルの台紙、ピースの3点セットがわかるように収納するのがポイントです。

麻帆 使用ITEM

A

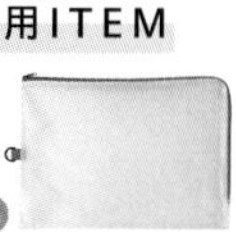
B

C

D

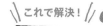

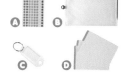

A丸シール、Bビニールネットケース L 型ファスナー B4〈DAISO〉、Cネームタグ、Dラミネートフィルム

0~3歳のお悩み

theme: 衣類

「サイズアウトした服」捨てられず困っています

ママのお悩み

処分したほうが良いのかなと思いつつ、まだキレイだし、将来2人目の子どもができるかもしれないと思うと、なかなか処分できません。

幸子：子どもの成長はあっという間で、洋服や靴などはすぐにサイズアウトしてしまいますよね。まだキレイな状態だったりすると、なかなか手放せないという人も多いと思います。

麻帆：そんなときは、無理にすぐ手放す必要はありません。まずは**サイズや季節などで分けて収納ケースに入れ、クローゼットの高い場所など、取り出しにくく、普段は使わない場所にしまいましょう。**

幸子：使う機会がこなければ、知人にプレゼントしても良いですし、「もう絶対使わないな」と納得できたタイミングで手放すのもひとつの方法です。サイズアウトした服も有効に活用できます。

Close-up!

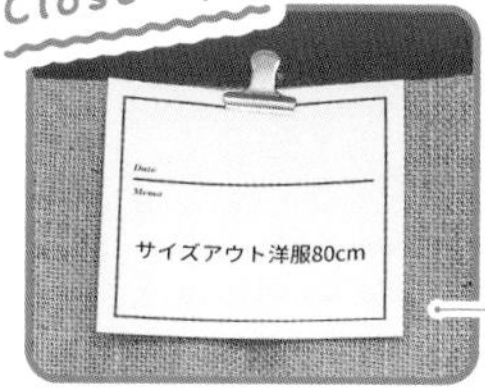

ラベルシールが貼れない素材の場合は、紙に書いてクリップなどで留めれば OK。サイズごとに分類しよう。

\ これで解決！ /

サイズごとにまとめ クローゼットの 高い場所に保管

使用頻度の低いモノは、取り出しにくいクローゼットの高い場所などを活用します。無印良品のジュート マイバッグ A3 は持ち手があって取り出しやすく、使わなくなったらエコバッグとして活用もできて、便利です。

麻帆

使用ITEM

ジュート マイバッグ A3〈無印良品〉

\ これで解決！ /

ひとつのケースに ざっくりと 収納しても OK！

クローゼット内の収納ケースを統一することで、スッキリした印象に。

細かな分類をするのが苦手な人は、ひとつのケースに入れてざっくり収納しても OK。KEYUCA の Popyre たためるフタ式 BOX シリーズは、布製で使わないときは折りたたむことができるのでとても便利です。

幸子

使用ITEM

Popyre たためる
フタ式 BOX II グレー L〈KEYUCA〉

まだまだある！

0～3歳の お悩みケーススタディ

Q いつも同じおもちゃで遊ぶ息子 いろいろなおもちゃで遊んでほしい

A おもちゃの衣替えで子どもの興味を刺激しよう

親としては、せっかくたくさんのおもちゃを買ってあげたのだから、いろいろなおもちゃで遊んでほしいと思うかもしれません。しかし、成長や発達の面で考えると、子どもが同じおもちゃで繰り返し遊ぶことは、まったく悪いことではありません。飽きるまで同じおもちゃで存分に遊ばせて良いと思います。**他のおもちゃにも興味を持ってほしいと思う場合は、おもちゃの衣替えをしてみましょう。**

おもちゃがたくさんありすぎると目移りしてしまうので、**あえておもちゃを厳選して棚に並べ、定期的に入れ替えます。**すると、これまで使っていなかったおもちゃにも目がいくようになり、手に取りやすくなります。

Q 片づけてもすぐ散らかるおもちゃたち どうすれば常にキレイに保てるの？

A 無理なく続けられる 片づけのマイルールを決めよう

「常に片づいた状態をキープしなくては」と思うと疲れてしまうので、片づけをする時間を決めて、それ以外の時間は散らかっていてもOKと割り切るのもひとつの方法。また、おもちゃを出しっぱなしにして良いスペースをつくり、その中で遊んでもらうようにしても良いでしょう。**無理なく片づけできるマイルールをつくると、**心の負担を減らせますよ。

散らかるおもちゃの片づけ POINT

- ☑ 片づけの負担にならない ざっくり収納にする
- ☑ 散らかしても良い スペースをつくる
- ☑ 片づける時間を決める

トイレトレーニンググッズの置き場に困る

A つっぱり棒を使って浮かせる収納にすればスッキリ

子ども用の補助便座の置き場に困ったら、つっぱり棒が大活躍！　**2本のつっぱり棒を壁に取りつけて便座をひっかければ、浮かせる収納が完成します。**つっぱり棒の上に、100円ショップなどで売られているつっぱり棒用の棚板をのせれば、おしりふきなどの置き場としても活用できます。トイレトレーニンググッズの色を統一すると、スッキリとした印象になります。

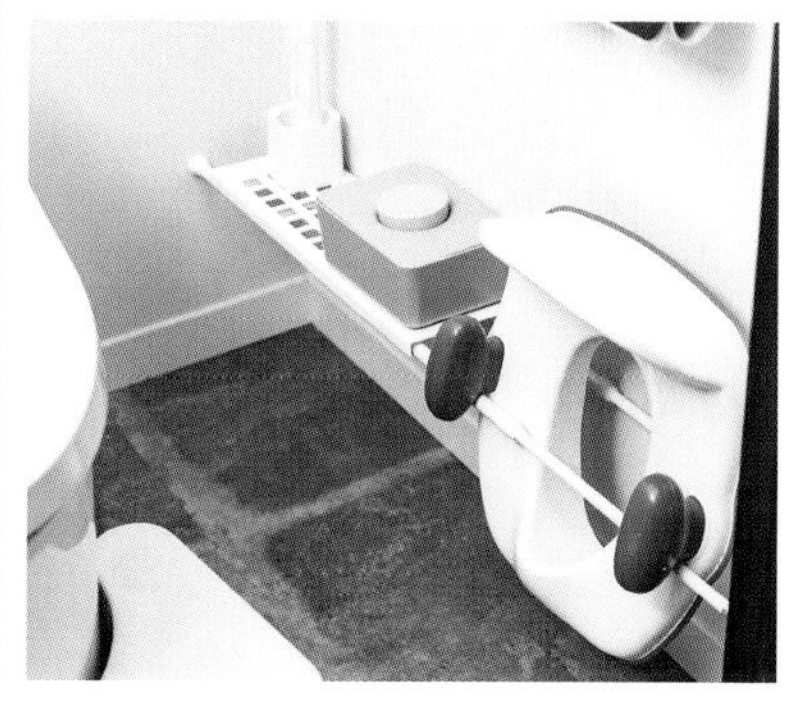

友だちが遊びに来たあと、いつも以上におもちゃが散乱していて正直ぐったり

A 収納ケースとおもちゃ棚の両方にラベルを貼れば解決！

友だちと大勢で遊んだあとは、いつも以上におもちゃが散乱して当たり前です。子どもたちが帰った後、一人で片づけようとすると大変なので、遊びに来ていたママ友にも片づけを手伝ってもらいましょう。**おもちゃのケースとそれをしまうおもちゃ棚の両方にラベルが貼ってあれば見るだけでわかります。**誰が見てもひと目でどこに何を片づければ良いのかわかるので、頼みやすくなります。

お風呂がおもちゃだらけで落ち着かない。スッキリ収納する方法は？

A 持ち手のついたカゴに入れてスッキリ収納！

ただでさえ収納スペースがないお風呂に大量のおもちゃがあると、片づけに困ってしまいますよね。「収納するところがない」「湿気でカビないか心配」という人も多いのではないでしょうか？　お風呂のおもちゃの収納は、できるだけ通気性が良く、子どもが取り出しやすいかどうかを意識しましょう。**持ち手のついたカゴに入れると、カゴ自体をおもちゃとして遊びに取り入れられるのでおすすめです。**

Q 工作系のモノが増えてきて収納場所に困る

A 1カ所にまとめて、置き場所を決めよう

空き箱やトイレットペーパーの芯など、サイズがバラバラな工作グッズは、**ひとつにまとめて同じ場所に収納することで、使い勝手がアップします。**あまり細かく分けて収納すると片づけが大変になるので、大きなケースにざっくり入れるだけでもかまいません。ビーズなどの細かいパーツは小さなフタつきケースに入れてから大きなケースにしまいましょう。

Q 子どもの靴の上手な収納方法が知りたい！

A つっぱり棒とケースを使いデッドスペースを有効活用

一般的な靴箱は、大人用につくられているので、子どもの小さい靴をしまうと、靴箱の上の空間が余ってデッドスペースになります。

そこでおすすめなのが、つっぱり棒とケース。**つっぱり棒を２本平行に取りつけ、その上に靴を入れたケースを置けばデッドスペースを有効活用できます。**100円ショップでも購入できるので、ぜひ活用してください。

Q 最近遊んでいないおもちゃを捨てるタイミングがわからない

A 見えない場所に一時保管してから手放そう

乳幼児の頃は、興味のあるおもちゃがどんどん移り変わりやすい時期。ついこの間まで夢中になって遊んでいたおもちゃでも、急に遊ばなくなるということもよくあります。「もう手放して良いのかな？」と思っても、再び興味を示すこともあるので、**いったん子どもの目の届かないところに一定期間しまい、その間子どもが一度も遊びたがらなければ、手放す**ようにすると良いでしょう。

PART 3

4~6歳のよくあるお悩みケーススタディ

おもちゃや幼稚園グッズなど、
4～6歳頃に悩む整理収納法が丸わかり！
片づけについて理解しはじめる頃なので、
遊びの一環として取り組み、片づけを習慣化しましょう。

theme: 文具・工作

4〜6歳のお悩み

「種類がいっぱいのお絵かき道具」毎回の準備が大変です

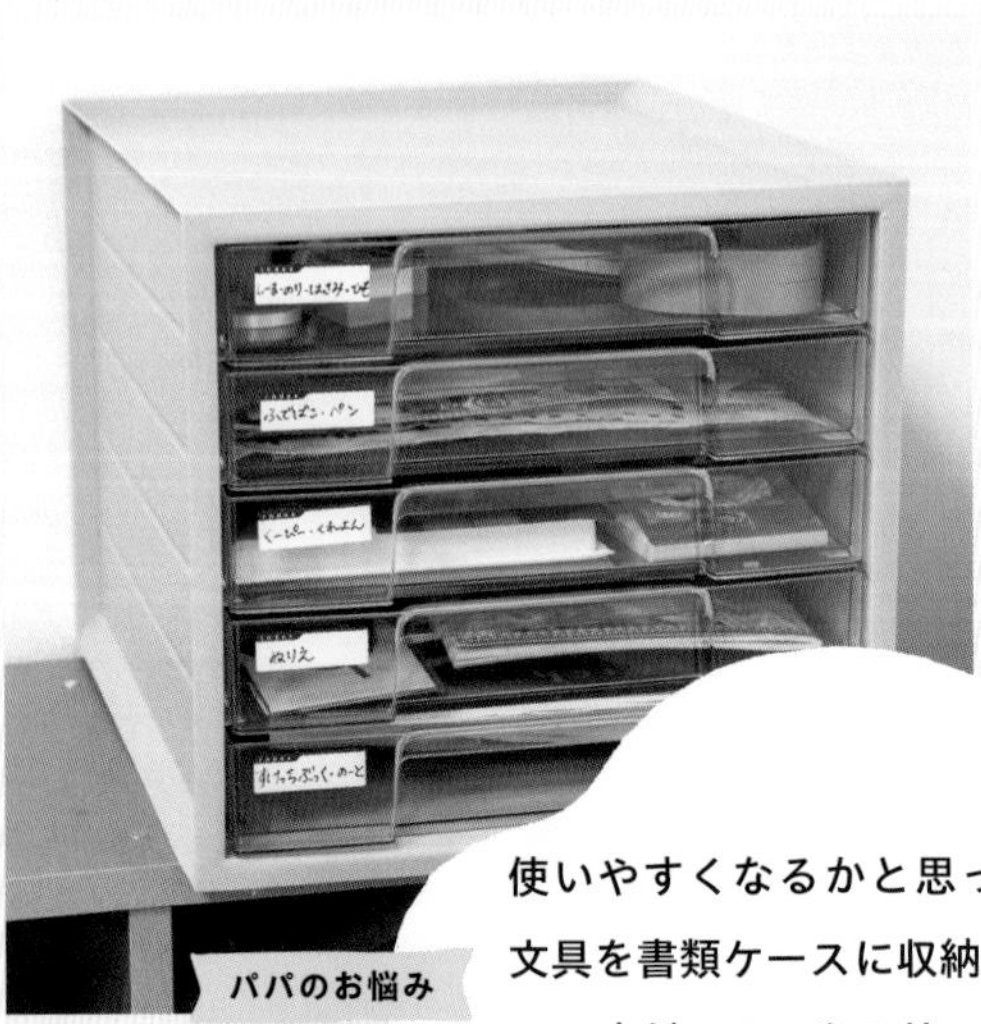

パパのお悩み

使いやすくなるかと思って、文具を書類ケースに収納したのですが、ペンやのり、ハサミ、ノートなどを毎回引き出しから取り出して準備するので大変です……。

幸子：細々したモノが多いお絵かき道具は、ひとつにまとめて収納するのがポイントです。ただし引き出しに直接収納すると、取り出すまでの手間がかかり散らかる原因につながることもあるので、気をつけましょう。

麻帆：お絵かきをする場所って、リビングだったり子ども部屋だったりして、お絵かき道具を使う場所が毎回違うことも多いので、**持ち運べる収納ケースにひとまとめにして入れ、お絵かき道具セットをつくると便利ですよ。**

幸子：ペン類は、ケースから出して紙コップなどに入れると選びやすいので使いやすくなります。ただし、色鉛筆などは先端が尖っているので、小さい子どもがいる場合は十分注意しましょう。

これで解決！

持ち運びできる収納ボックスなら用意もラクラク！

おりがみ

KEYUCAのスマホを立て掛けられる収納キャリーボックスに、お絵かき道具をまとめて収納しました。この収納ボックスは仕切りが動かせるので、入れるモノに合わせて仕切れるのがポイント。絵をかくときはこのまま持ち運べるので便利です。

持ち運べるから
どこでも
お絵かき
できちゃう♪

麻帆 使用ITEM

スマホを立て掛けられる収納キャリーボックス〈KEYUCA〉

こんな使い方も！

スマホやタブレットが立て掛けられるので、動画やアプリなどを見せるのにも重宝する。

詳しくは P70 をチェック！

細々したモノ、持ち運びたいモノを収納するのに適しているので、子どものヘアゴムやヘアピンを収納するのにもおすすめ。

theme: 工作

「増え続ける子どもの作品」どうやって記念に残す？

ママのお悩み

子どもの作品が捨てられずにどんどん溜まってしまいます。飾りたいけれど部屋がごちゃごちゃになるのはできれば避けたい。何か良い方法はありますか？

幸子：私の場合は、娘が幼稚園や小学校でつくった作品を持ち帰ってきたら、その場で娘に作品を持たせて写真を撮り、作品を一定期間飾ったあとに手放していました。子どもが頑張ってつくったと思うと、なかなか手放せない気持ち、とてもよくわかります。

麻帆：子どもの立場から言わせてもらうと、別に全然捨てて良いよって思うんですけどね（笑）。

幸子：つくった本人より、親のほうが思い入れが強いことも多いです。自然に手放そうと思えるまで、手元に置いておけば良いと思います。

麻帆：全て飾ろうと思うと部屋中が作品ばかりになってしまうので、**飾るスペースを決めてその範囲で飾るようにする**と良いですよ。

これで解決！

貼るスペースを決めて自由に作品を入れ替えよう

範囲を決めてマスキングテープで壁に囲みをつくり、その中に作品を自由に飾れるようにするのも◎。新しい作品が貼りたくなったら、自然と古いモノは片づけることになるので、必要以上に作品があふれることがなくなります。

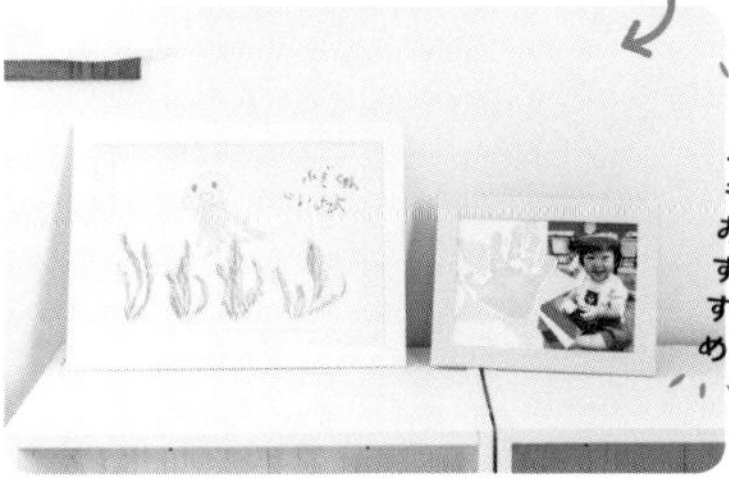

これもおすすめ

特別な作品は額縁などに入れて飾るのもおすすめ。額縁の数しか飾れないので、必要以上に増えることがなくなる。

これで解決！

飾り終えたらA3ケースが便利

A3のファイルケースなら、大抵の作品を折らずに収納できます。Can★Doで販売されているA3アクティブファイルケースを使って、1ケース1年分などと決めて収納しても良いですね。

幸子

使用ITEM

A3アクティブファイルケース〈Can★Do〉

4〜6歳のお悩み

theme: おもちゃ

「どんどん増える電車のおもちゃ」自分で片づけてほしいです

ママのお悩み

たくさんある電車のおもちゃの収納場所が悩みの種。毎回片づけるのもひと苦労なので、子どもが自分で片づけるようになってくれると良いのですが……。

幸子：乗り物のおもちゃは、コレクター心がくすぐられるので、数が増えてしまいがちです。収納ケースに入れるというのもひとつの方法ですが、取り出しやすさを考えて、飾る収納もおすすめです。専用の収納棚も販売されていますが、１００円ショップのアイテムを使って、低価格で手づくりすることもできます。

麻帆：**電車のおもちゃを置く場所に線路のマスキングテープを貼って、「電車の帰る場所だよ」と子どもに教えてあげれば、遊びの一環として子どもが自ら進んで片づけをするようになるかもしれません。**

幸子：「片づけって楽しい！」と実感できると、率先して片づけをしてくれるようになりますよ。

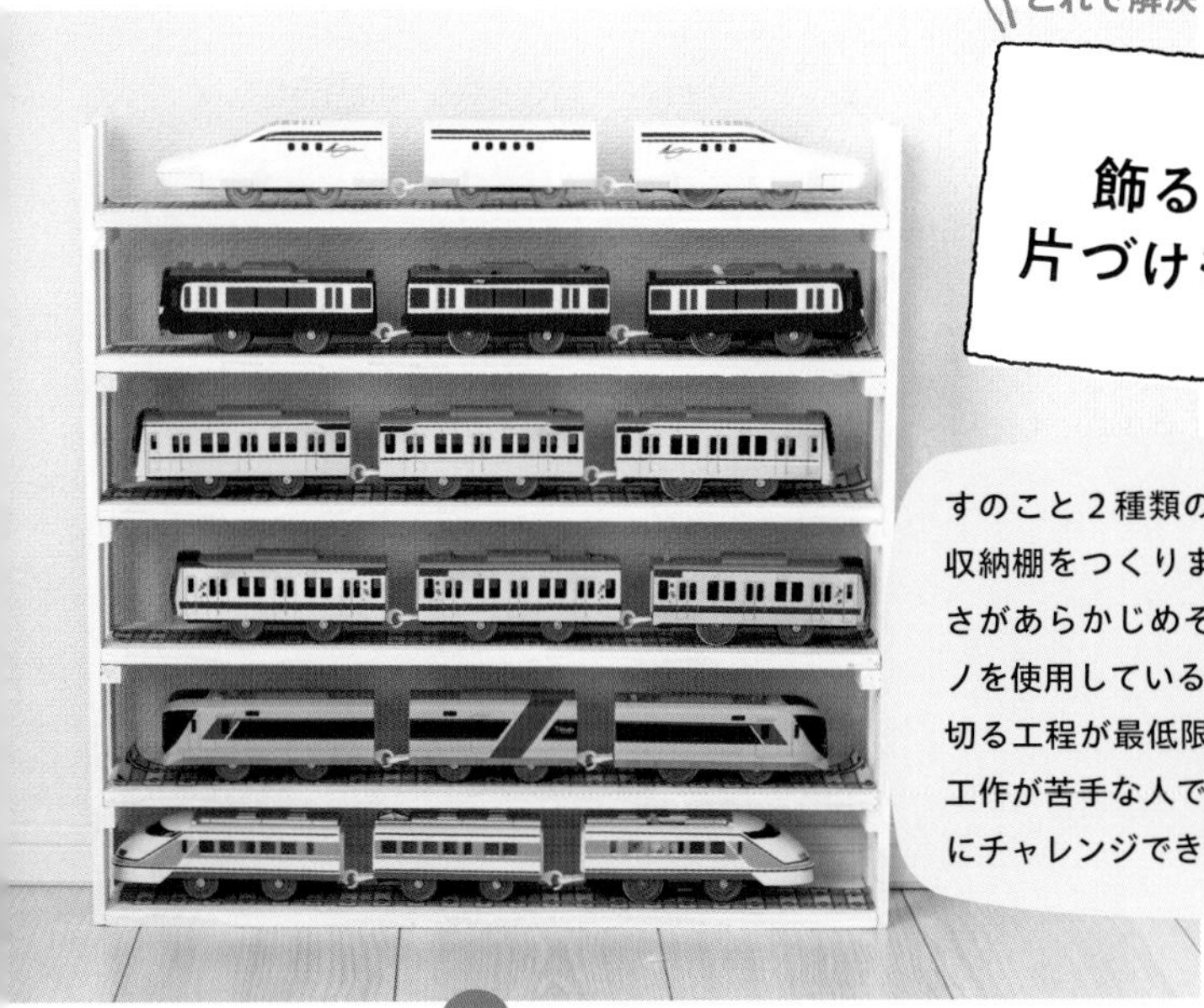

＼これで解決！／

飾る収納棚なら片づけも楽しくなる！

すのこと２種類の木板を使って収納棚をつくりました。木の長さがあらかじめそろっているモノを使用しているので、板を切る工程が最低限になり、工作が苦手な人でも気軽にチャレンジできます。

幸子 使用ITEM

おもちゃの収納棚のつくり方

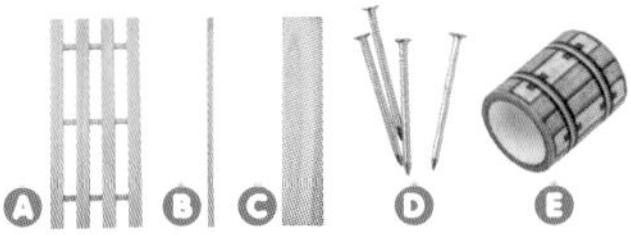

Ⓐ桐すのこ（45 × 20㎝）、Ⓑ木製角材 3P（45 × 1.2 × 1.2㎝）、Ⓒ木板（45 × 9 × 0.9㎝／ 6 枚使用）、〈以上Ⓐ～Ⓒ Seria〉、Ⓓクギ（1.7㎝・24 本使用）、Ⓔマスキングテープ（線路）〈Can★Do〉 ※Ⓑは 3 本入りのうちの 1 本を使用。

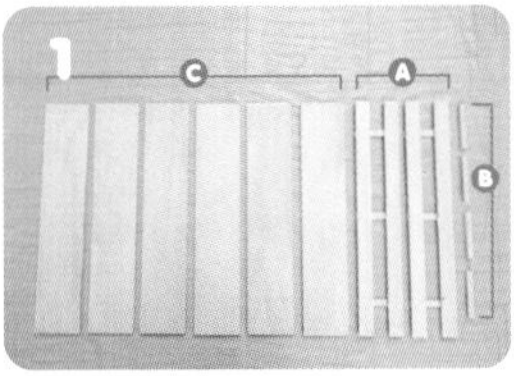

Ⓐは縦半分に切り、ⒷはⒶの幅に合わせて切る。その後、お好みの色でⒶ～Ⓒにペンキを塗り、乾かしておく。

※ペンキは塗らなくても OK。

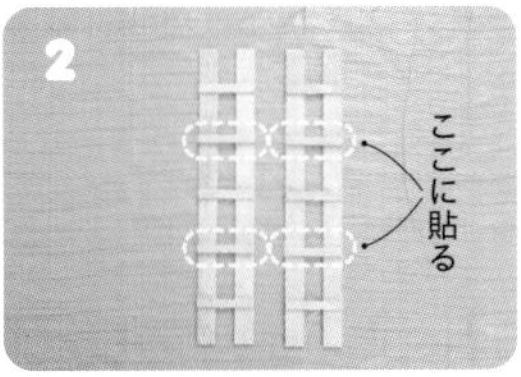

Ⓐを裏返し、もとからある横板と横板の間に、等間隔になるよう木工用ボンドでカットしたⒷを貼る。

2の板と板の間に木工用ボンドでⒸを貼り合わせて仮留めする。Ⓐの横板とⒸの板の位置がそろうように組み立てるのがポイント。

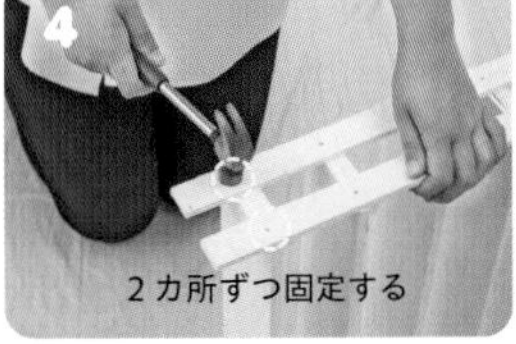

3で仮留めした板と板の接合部を、Ⓓのクギで２カ所ずつしっかりと固定する。

※固定したクギの先がお子さまを傷つけないよう、注意して行ってください。

電車のおもちゃをのせるⒸの板の上に、Ⓔのマスキングテープを貼る。

道路や駐車場のテープを貼れば車のおもちゃ収納にもピッタリ！

theme: おもちゃ

4～6歳のお悩み

おままごと用の食材が大量にあるので、ケースにまとめているのですが、娘が使うたびにケースをひっくり返し、毎回片づけるのが大変です……。

パパのお悩み

「たくさんのおままごと用の食材」おすすめの収納方法は？

幸子：大きなケースにまとめて収納すると、ケースの奥に何があるかわからず、子どもは遊びにくいと感じてしまうかもしれません。

麻帆：使いたい食材がなかなか見つからないので、ケースをひっくり返して探しているのかも……。

幸子：何がどこにあるか見てすぐわかる収納になっていれば、必要以上に散らかすこともなくなるはずです。

麻帆：**果物、野菜、魚など、食材ごとに分けて収納するだけで、格段に遊びやすくなる**と思います。さらに、木製のオシャレなケースなどに入れて、**お店屋さん風にかわいくディスプレイすれば、子どももきっと喜ぶはず。**おままごと遊びがさらに楽しくなると思います。

斜めになっているので小さな子どもでも見やすく、取り出しやすい。

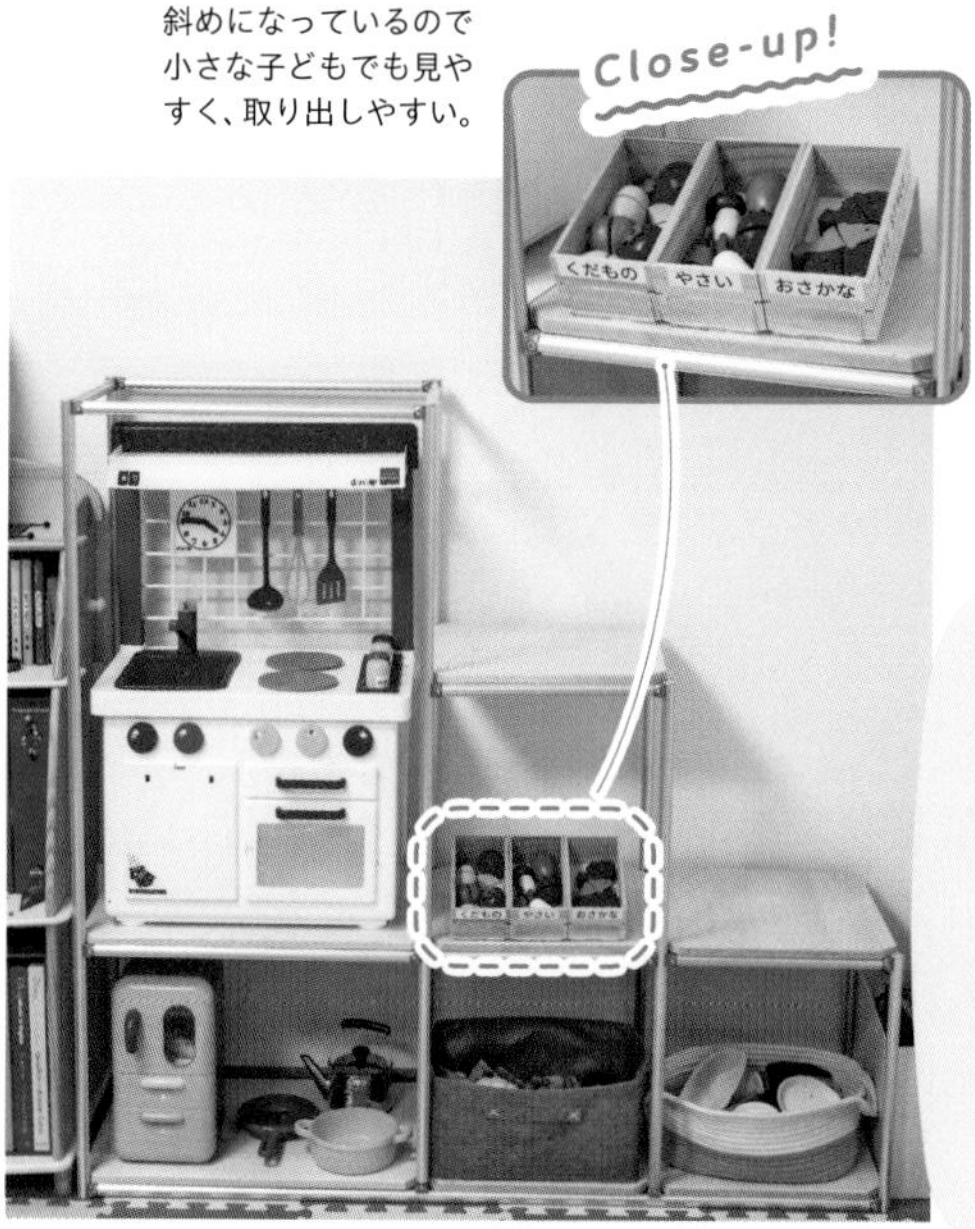

これで解決！

食材ごとに分けてお店屋さん風にディスプレイ

食材ごとに分かれていて、ケースが斜めになっているので見やすさがアップ！　子どもたちはあっという間に成長します。おままごとキッチンを棚にのせて高さを調節すると長く楽しめます。DCM DIY place で扱うラックは高さや形が自由に組み合わせられるのでおすすめです。

※キッチンを高さのあるラックにのせる場合は、すべり止めなどを使用して落下しないように十分注意しましょう。

幸子 使用ITEM

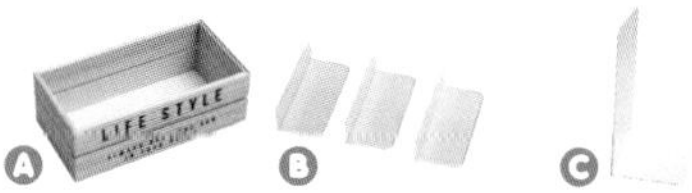

Ⓐ木製 BOX（スタンダード）〈Can★Do〉、Ⓑ L 字透明仕切り板 粘着テープ ショート3個〈Seria〉、Ⓒブックエンド（縦 20 ×横 8.6 ×奥行き9cm）〈DAISO〉

お店屋さん風ディスプレイのつくり方

収納ケースの中を全て出し、おままごとグッズとそうでないモノに分ける。

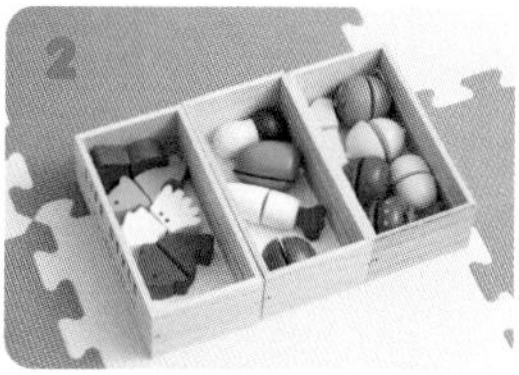

おままごとグッズをカテゴリーごとに分け、Ⓐの木製 BOX に入れる（ここでは、魚、野菜、果物に分類）。

Ⓑの L 字透明仕切り板に、付属の両面テープを貼り、シートをはがす。

3をⒸのブックエンドの長い面の端に貼る。同様にこれを3つつくる。

4をひっくり返し写真のようにブックエンドを置く。

5の上に2の木製 BOX をのせ、BOX にラベルシールを貼る。

4~6歳のお悩み

「混じり合うきょうだいのモノ」自分のモノを早く見つけたいです

theme: 絵本

子どものお悩み

私の絵本と弟の絵本がごちゃごちゃに混ざっていて、読みたい絵本がなかなか見つからないの。自分の絵本がどれか、すぐ見つけられるようにしてほしいな。

幸子：**きょうだいの持ち物が混ざってしまう場合は、色分けをすることで誰のモノか見分けやすくなります。**

麻帆：我が家では、洋服をかけるハンガーにタグをつけて色分けしています（P113参照）。私はピンク、お母さんは黄色、お父さんは青といったように、家族でテーマカラーを決めているので、さまざまなモノを色分けするときに便利です。

幸子：絵本の場合は**棚にしまった状態で見分けられるよう、本の背にマスキングテープを貼って色分けするのも良い**ですね。マスキングテープなら、はがしたときに本が傷つく心配もほとんどありません。お気に入りの本なら、表紙が見えるように飾っておくのもひとつの方法です。

これで解決！

マスキングテープで色分けすればひと目でわかる

幸子 使用ITEM

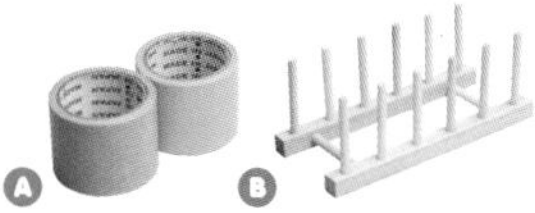

Ⓐマスキングテープ（ピンク・水色）、Ⓑディッシュスタンド

マスキングテープで色分けをしたあと、さらに持ち主の名前の頭文字を書くことで、家族全員が誰のモノか判断しやすくなる。

頻繁に読む絵本は表紙が見えるように収納を。100円ショップなどで販売されているディッシュスタンドを使うと便利。

本の背にマスキングテープを貼って色分けすることで、どの本が誰のモノかや、どんな種類の本かを本棚に入った状態でもわかるようにします。マスキングテープを貼ったあとは、テープの色ごとにまとめて本棚に収納します。

これもおすすめ

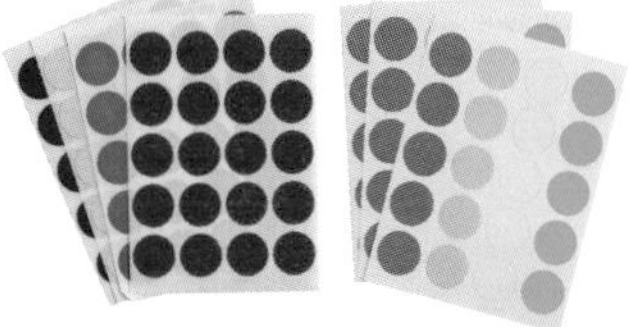

マスキングテープの代わりに、丸シールを使うのもおすすめ。カラーが豊富で、はっきりとした色が多いので、識別しやすい。

4~6歳のお悩み

「ケースいっぱいのお弁当グッズ」毎朝イライラしています

theme: お弁当グッズ

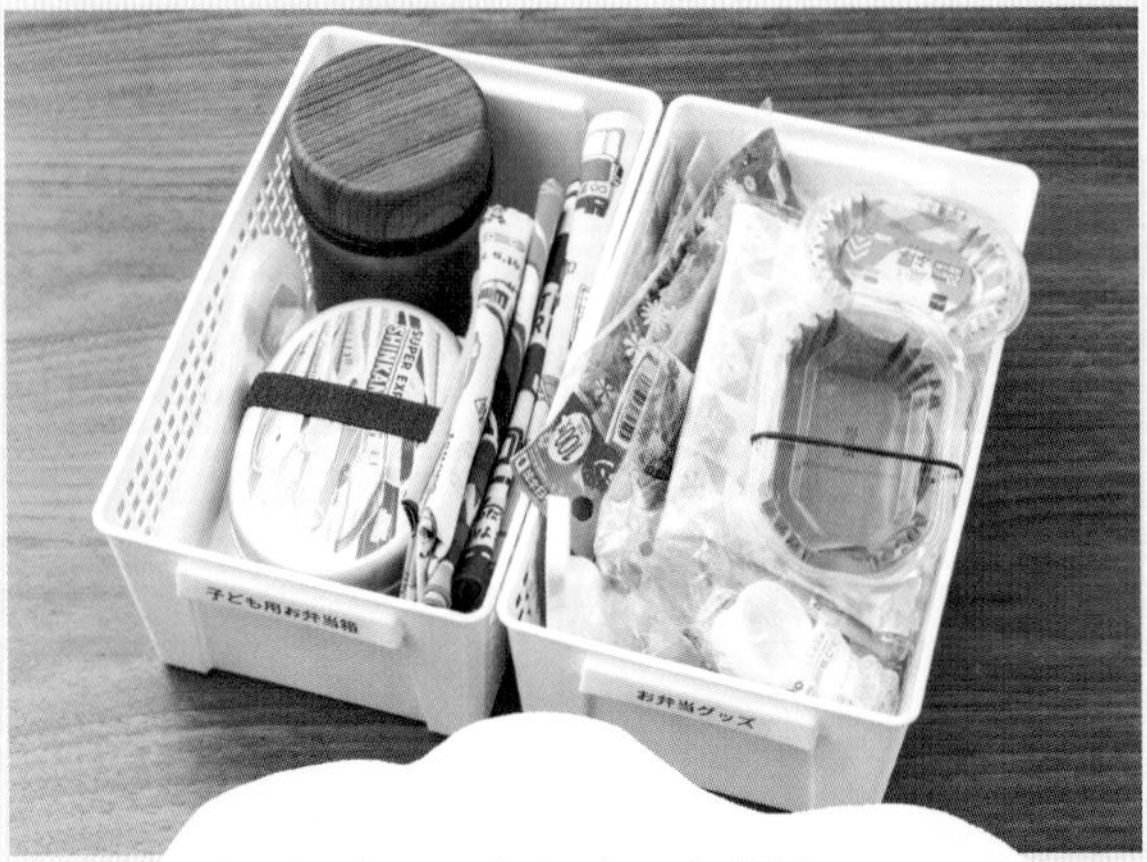

気づいたらお弁当グッズが増えて収納ケースがパンパンに！　奥のほうのモノを取ろうとすると、他のモノがケースから飛び出してしまい、毎朝イライラしています。

ママのお悩み

幸子：上の写真のようにケースの中にお弁当グッズをまとめて入れているだけだと、奥にあるモノが取り出しにくくなってしまいます。このような場合は、**ケースの中を仕切って、それぞれのアイテムの定位置を決めることがポイント**です。

麻帆：袋に入れたまましまっていると使いにくいので、袋から出して仕切りケースなどに入れておくと便利。１００円ショップなどでもさまざまな仕切りケースや専用ケースが販売されているので、活用すると便利ですよ。

幸子：お弁当箱が複数ある場合は、ブックエンドとマグネットテープを使って仕切るのもおすすめ。ケースにラベルを貼っておけば、キッチンの吊り戸棚に置いても、取り出しやすくなります。

これで解決！

仕切りケースを活用してアイテムごとに分類

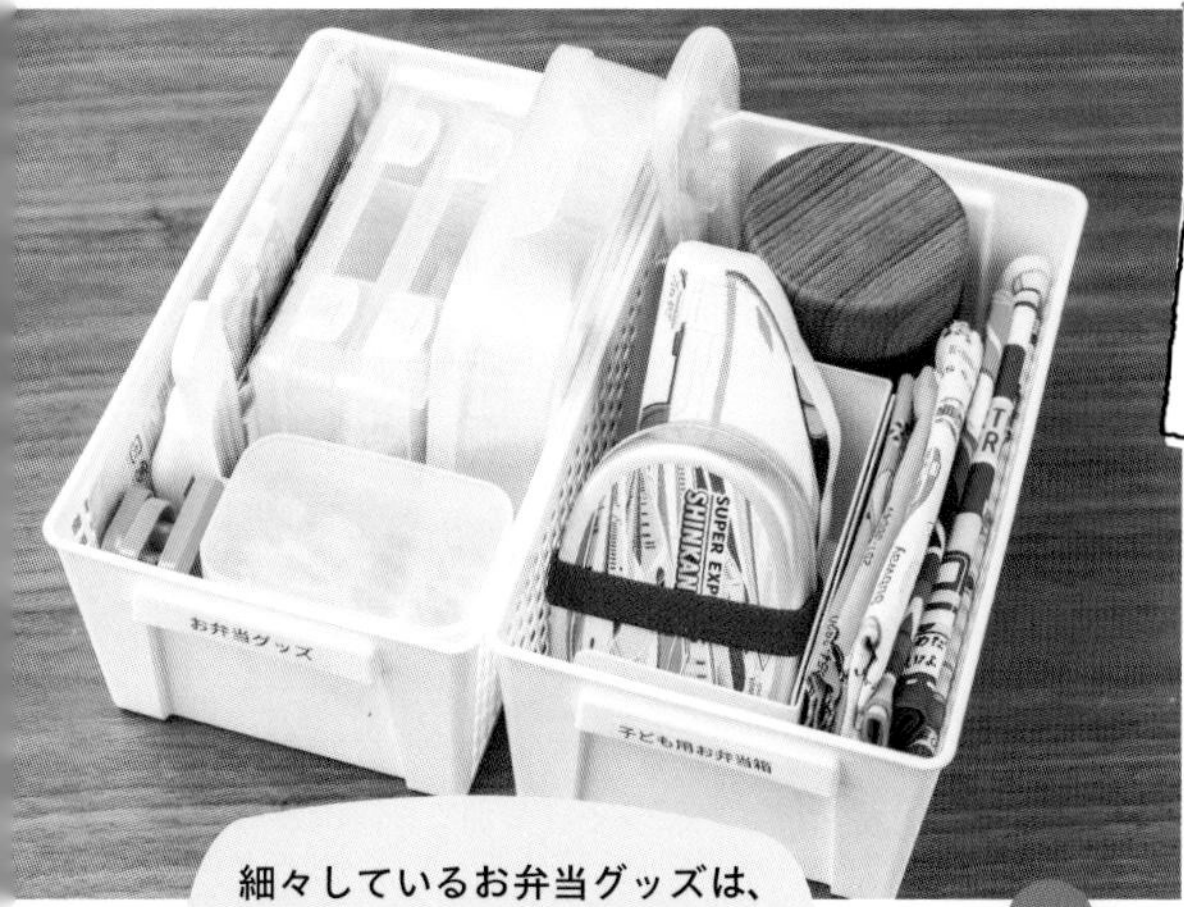

ラベルを貼って吊り戸棚などに収納！

細々しているお弁当グッズは、袋から出し、仕切りのあるケースに入れることで格段に使いやすくなります。ピックはメラミンスポンジに刺すと立てて収納でき、選びやすくなりますよ。

幸子

使用ITEM

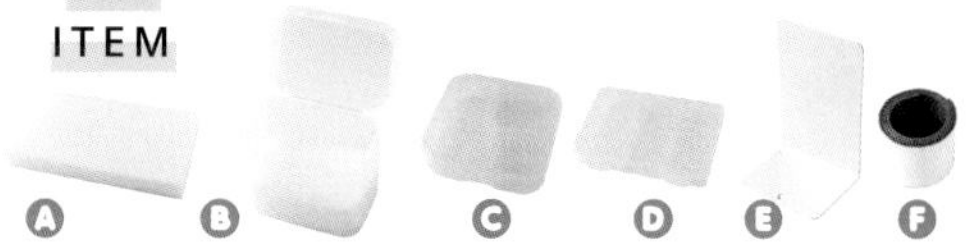

Ⓐメラミンスポンジ、Ⓑフタ付きケーストール クリア約10.7×7.6×9.2㎝、Ⓒ SIKIRI おかずカップ収納ケース、Ⓓ SIKIRI ハーフ3 (165×120×34㎜)〈以上Ⓑ～Ⓓ Seria〉、Ⓔブックエンド(2枚使用)、Ⓕマグネットテープ

POINT 1

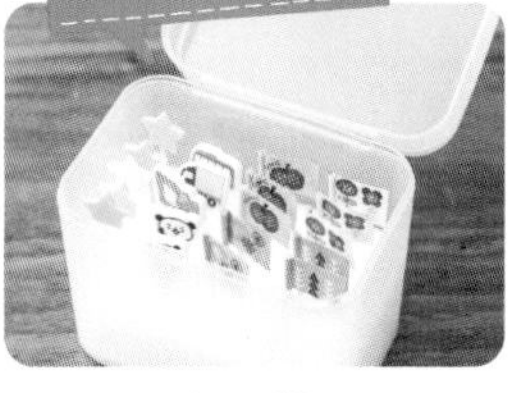

ピック類はメラミンスポンジに刺す

Ⓐのメラミンスポンジを Ⓑのケースに詰めてピックを刺すと取り出しやすい。何個残っているかもひと目でわかり、在庫管理もしやすい。

POINT 2

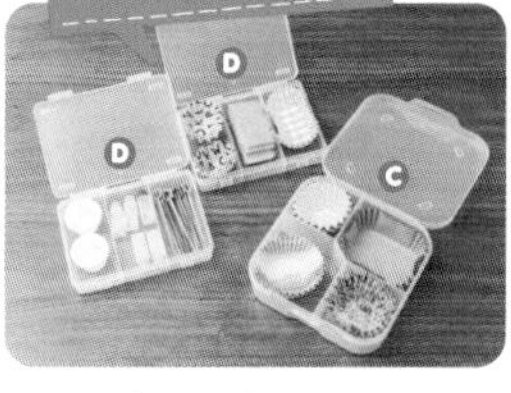

細々したモノは仕切りケースが活躍

Ⓒは、お弁当グッズを収納する専用商品。Ⓓは、しょうゆやソースなどのタレビンを入れるのにちょうど良いサイズ感。

POINT 3

小さめのお弁当箱はブックエンドで立てて収納

倒れやすいお弁当箱は、コの字型のブックエンドを使って、立てて収納するのがおすすめ。

コの字型ブックエンドのつくり方

1 Ⓔのブックエンドの長い面の上下に、Ⓕのマグネットテープを貼る。2 もうひとつのブックエンドをコの字型になるように重ねる。3 完成。

theme: プリント・書類

「一気に増える幼稚園のプリント」管理するのが大変です

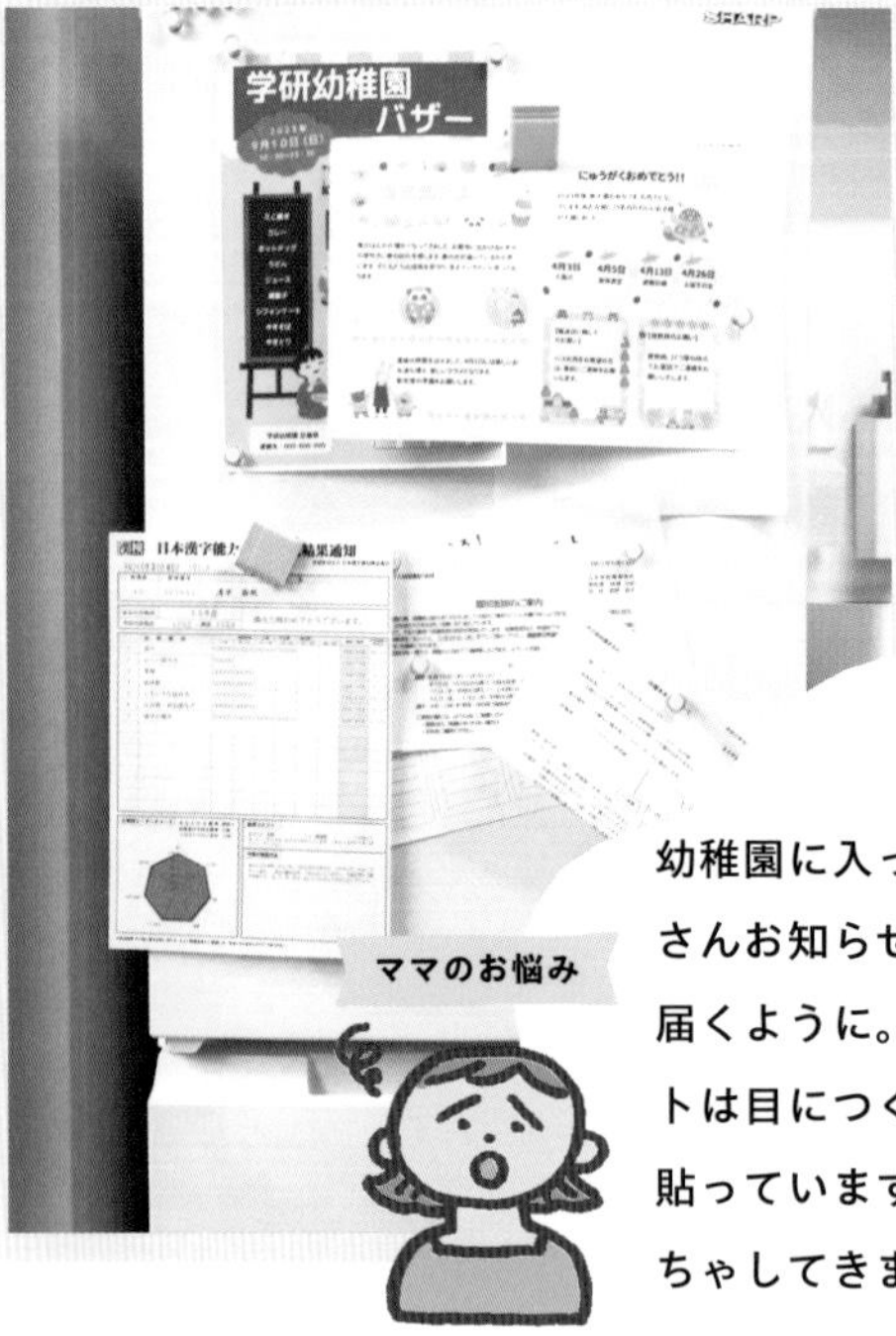

幼稚園に入ってから、たくさんお知らせのプリントが届くように。大切なプリントは目につくよう冷蔵庫に貼っていますが、ごちゃごちゃしてきました……。

ママのお悩み

幸子：まずは、**プリントの種類を「短期的なモノ」と「長期的なモノ」に分けましょう。**短期的なモノとは、直近の行事の予定や、持ち物のお知らせなどです。長期的なモノは、例えば年間行事予定や園の規則など、半年から1年以上保管が必要なプリントです。**短期的なモノを、クリップボードに挟んで目につくところに貼っておけば、すぐにチェックできて安心です。長期的なモノは、破れたり汚れたりしないようファイルに保管**します。

麻帆：クリップボードに挟んで冷蔵庫などに貼れば、家族全員が見ることができます。

幸子：ファイルもリビングの棚など、家族共有のスペースに収納すると、ママとパパの間の情報共有もスムーズになりますよ。

これで解決！

短期的なモノと長期的なモノに分けて収納しよう

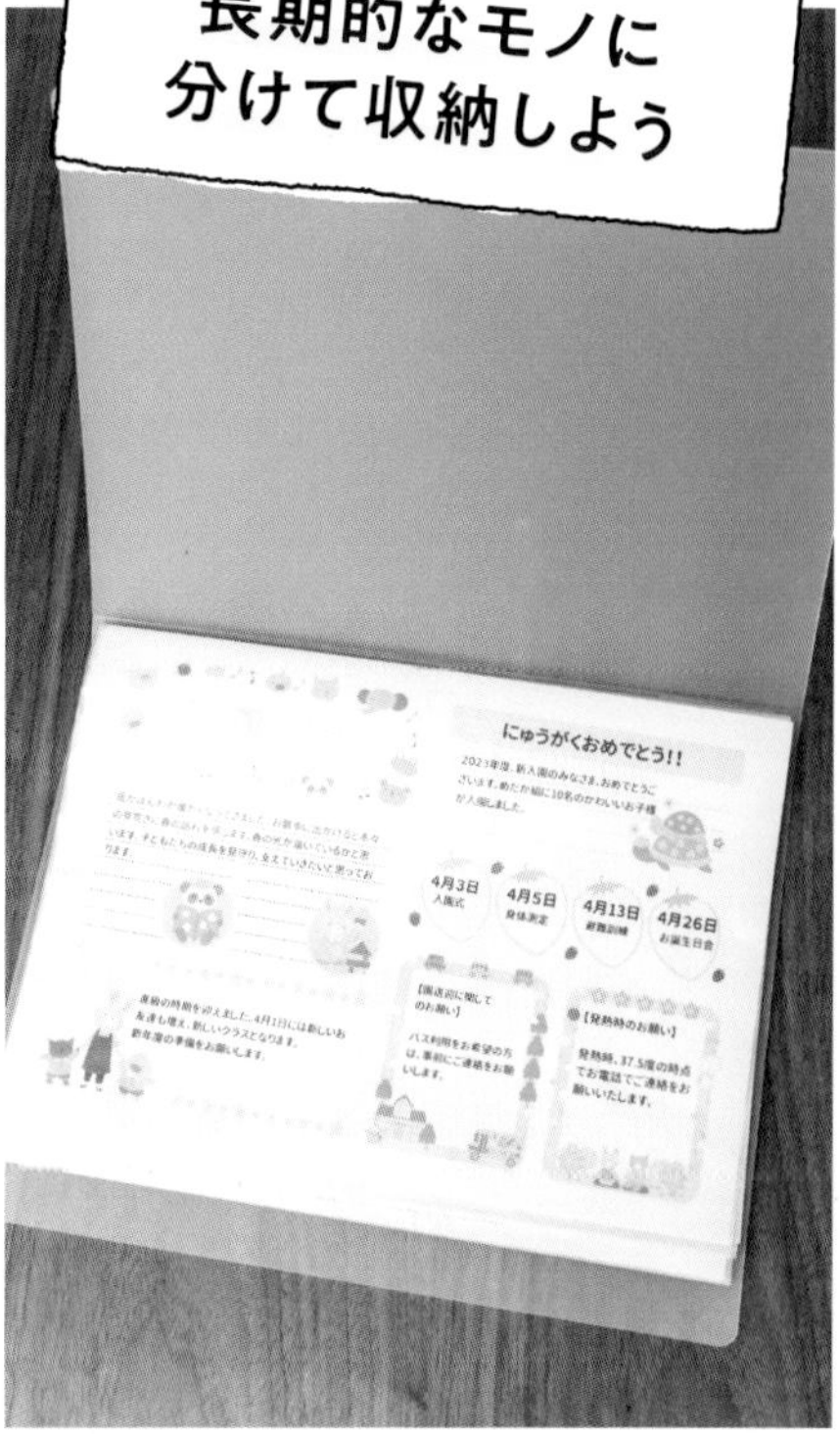

短期的なモノ

長期的なモノ

これもおすすめ

子どものクラスや出席番号、担任の先生の名前は、うっかり忘れてしまうことも。クリップボードにそうした情報を書いたラベルシールを貼っておくと便利です。

数日～数週間のうちに確認が必要になるプリントは目につくところに、長期的に保管が必要な書類はポケットファイルに収納しておきましょう。

4~6歳のお悩み

「たくさん持っていたいヘアゴム」スッキリ収納する方法はある？

theme: ヘアアクセサリー

子どものヘアゴムやピンなどが増えてきて、使いたいヘアゴムが探しにくくて困っています。できれば子ども自身でも選べるようにしたいです。

ママのお悩み

幸子：**数が多くて毎日使うモノは、見える収納にすると使いやすくなります。**リビングや洗面所など、**家の中のどこにいてもヘアセットができるように、持ち歩きができる取っ手つきの収納ケースを使うと便利**です。

麻帆：私のおすすめは、ヘアアクセサリーのショップの陳列でよく目にする、クルクル回る回転式のディスプレイスタンドをつくること！　お店で選んでいる気分になれてワクワクするのでおすすめです。

幸子：これなら、子ども自ら「今日はコレが良い！」と言って、選んでくれそうですね。どちらの収納方法も、一緒に使うブラシなどの小物もセットにしておくと、さらに使い勝手が良くなります。

これで解決！

お店みたいな回転式スタンドで選ぶのも楽しく♪

ワイヤーネットを曲げてつくった３面ラックを回転台に取りつければ、クルクル回るディスプレイスタンドが完成！　フックをつけてゴムをひっかけたり、調味料ケースをつけてピンを入れたりできます。

麻帆　使用ITEM

Ⓐワイヤーネット、Ⓑ結束バンド、Ⓒクリアコードフック（6個使用）、Ⓓ回転テーブル 22㎝〈Ⓒ、Ⓓともに DAISO〉、Ⓔネット専用フック 12P、Ⓕペンたて用ポケット 2P、Ⓖマヨケチャホルダー〈以上Ⓔ～Ⓖ Seria〉

ディスプレイスタンドのつくり方

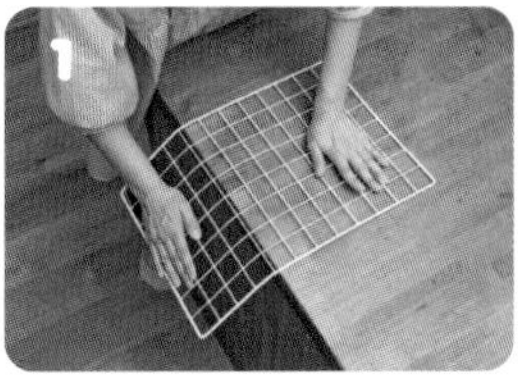

机の端などを使ってⒶのワイヤーネットを３等分に曲げて三角形にする。

※ネットを曲げるときにケガをしないよう、注意して行ってください。

上下の端と、その間の３カ所、合計５カ所をⒷの結束バンドで留め、余分な部分をカットする。

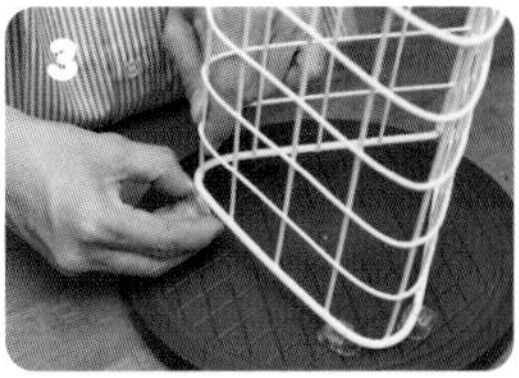

三角形の頂点付近に、Ⓒのコードフックを２カ所ずつ、付属の粘着テープでⒹの回転テーブルに貼る。

Ⓔのネット専用フックをお好みの場所にひっかける。

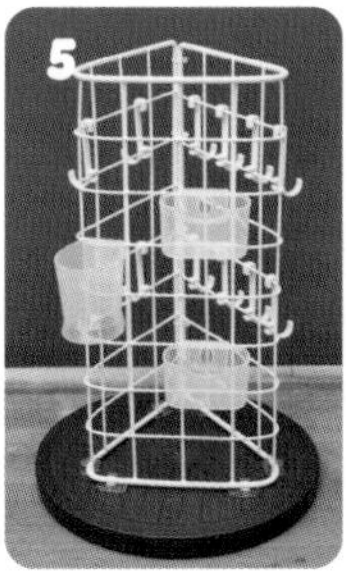

Ⓕのペンたて用ポケットやⒼのマヨケチャホルダーをひっかけて完成。

幸子 使用ITEM

Ⓐスマホを立て掛けられる収納キャリーボックス〈KEYUCA〉、Ⓑくつした整理カップL（2個入り）〈イノマタ化学〉

これで解決！

持ち運びたい派は取っ手つきケースが便利！

取っ手つきケースは、持ち運びができるのでおすすめ。ヘアアレンジに必要な道具をひとまとめにしておけば家中どこでもヘアセットができちゃいます！

これで解決！

くつした整理カップなら引き出しの中にスッキリ収まる

引き出しにしまうときは、スペースに合わせたサイズのくつした整理カップを用意して、種類ごとに分けて収納しましょう。透明なケースに入れると、見やすくスッキリ収納できます。

theme: 身じたく

4~6歳のお悩み

「ついうっかりの忘れ物」解消する方法を知りたいです

Can★Doで販売されているお支度マグネットシート持ち物verは、幼稚園や小学校の持ち物管理にピッタリ。マグネットなので、ホワイトボードや冷蔵庫、玄関のドアなど、よく見える場所に貼っておくことができます。

これで解決！

お支度ボードをつくれば忘れ物の心配なし

幸子 使用ITEM

お支度マグネットシート持ち物ver〈Can★Do〉

幸子：朝食やお弁当をつくったり、自分と子どもの身じたくをしたりと、何かとバタバタ忙しい朝は、つい忘れ物をしがちです。

麻帆：毎日持っていくモノの他に、特定の曜日だけ持っていくモノもあるので、そういったモノは特に忘れてしまいがちです。

幸子：4～6歳頃は、まだ大人が持ち物を準備することが多いと思いますが、**子どもができることから準備を任せていきたい時期**でもあります。そこで便利なのがお支度ボードです。いつ何を持っていくかひと目見てわかるので、子どもが自ら準備するサポートにもなります。

麻帆：ついうっかりの忘れ物は、この方法で解決できます。

4~6歳のお悩み

theme: 身じたく

「玄関に置き去られたバッグ」見るたびにストレスです

帰宅すると、幼稚園や小学校の荷物を玄関に放り投げて部屋に入る子どもたち。ちゃんと片づけてほしくていくら注意しても直らず困っています。

幸子：毎日玄関に幼稚園や保育園の荷物が散乱していると、イライラしますよね。つい子どもたちをしかりたくなりますが、そこはぐっと我慢。大切なのは、「なぜ玄関に置き去られているのか」ということです。もしかすると、荷物が重いから早く下ろしたいのかもしれないし、トイレに行きたいのかもしれません。このような理由であれば、**玄関に収納スペースをつくってあげることで解決できます。**

麻帆：子どもの立場からすると、頭ごなしに怒られるより、理由を聞いてくれたほうが素直に親の話に耳が傾けられるんですよね。

幸子：片づけはコミュニケーションが大切。子どもの意見を尊重できると良いですね。

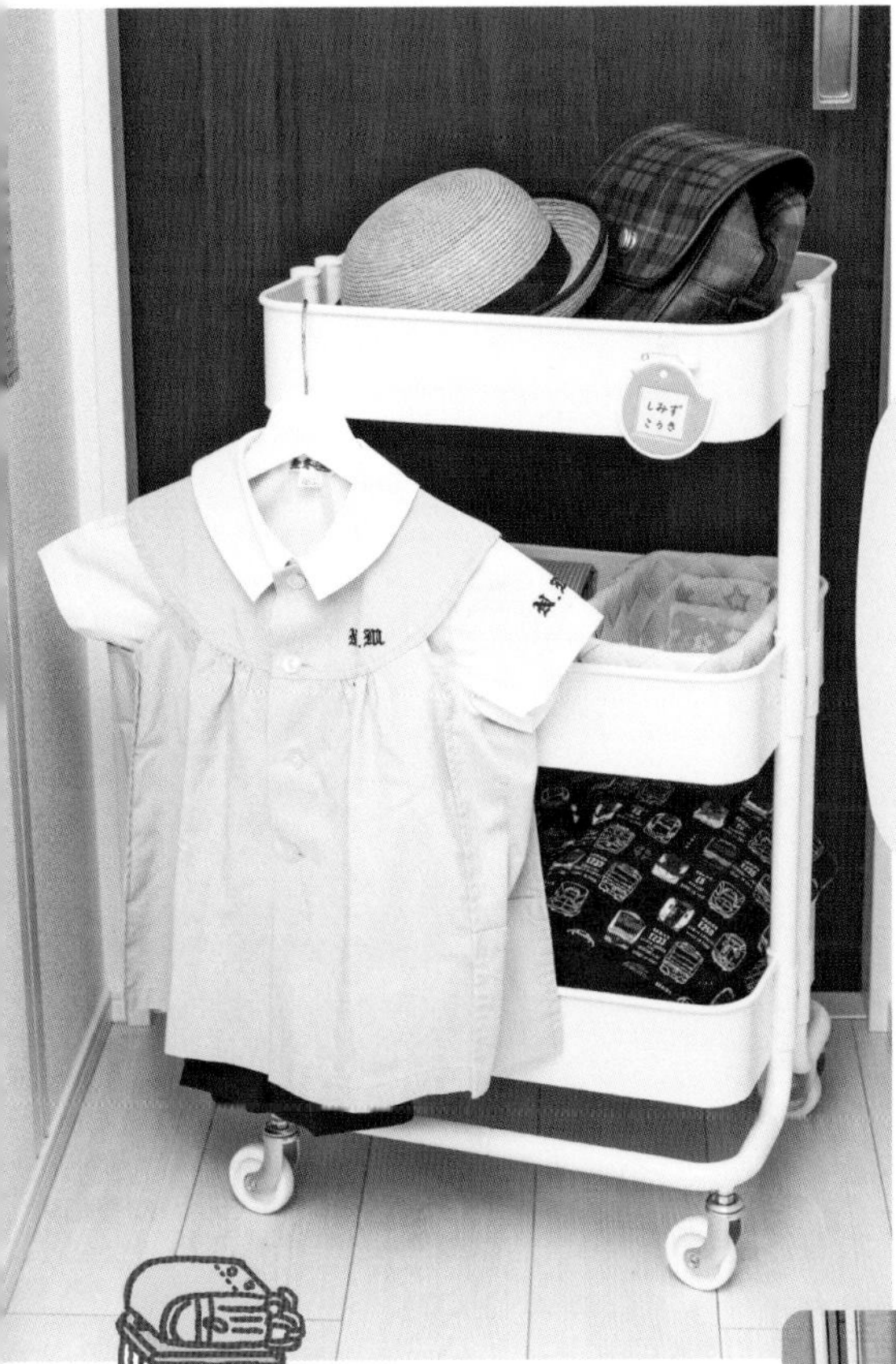
しみず
こうき

これで解決！

可動式ワゴンを玄関付近に用意しよう

赤ちゃんのお世話グッズの収納（P41参照）でも使用したイケアのロースコグ ワゴンを、子どもの成長に合わせて幼稚園グッズの身じたくワゴンに変身させました。ワゴンなら、朝したくをするときはリビングに置き、子どもの帰宅に合わせて玄関に移動することもできます。

幸子　麻帆

使用ITEM

ロースコグ
ワゴン〈イケア〉

片づけが
ラクになって
うれしいな～♪

Before

小学生になりリビング学習するようになると、テーブルの上にランドセルが置きっぱなしになっていることも……。

After

子どもの帰宅時にはロースコグ ワゴンを玄関付近に用意。帰ってきたらランドセルをすぐに下ろすことができ、勉強するときはリビングへ移動できる。

小学生になっても、まだまだロースコグ ワゴンが大活躍します！ 玄関でランドセルを下ろし、そのままリビングに移動して勉強することができるので、ランドセルの置き場に困らなくなります。

まだまだある！

4～6歳のお悩みケーススタディ

Q プール道具などの季節のアイテム どうやって収納するか悩みます

A 透明のチャックつき袋に入れてクローゼットに保管

夏の間しか使わないプール道具などの季節のアイテムは、収納方法を間違えると、しまった場所を忘れてしまい、いざ使いたいときに見つからないということも……。**透明のチャックつき袋に入れて収納すると、中身が見えるので探しやすく、コンパクトに収納できるので便利です。**

Q 片づけを習慣化するにはどうしたら良い？

A 遊び感覚で片づけを取り入れ楽しみながら習慣化させよう

4～6歳頃に片づけを習慣化できると、その後も片づけが得意になることが多いです。**習慣化するには、片づけを遊び感覚で取り入れ、繰り返し行うのがポイント。**3歳まではママやパパと一緒に「よ～い、どん！」で片づけの競争をするのも良いですが、4歳頃から少しずつ本人に任せ、片づけができたらたくさん褒めてあげましょう。

Q 洋服を選んだあとの引き出しの中がいつもぐちゃぐちゃ

A 小さな子どもでも選びやすいハンガー収納にするのがおすすめ

洋服を引き出しから出して選び、着ない洋服はたたんでもとに戻すという一連の動作はまだ難しい年齢なので、子どもが洋服を選んだあとは、たたんだ洋服がぐちゃぐちゃになっていることも。こんな事態を避けたいなら、**ハンガーにかけるのがおすすめ！**　ハンガーにかけたまま選べるので、洋服が散らかることもありません。

PART 4

7~9歳 の よくあるお悩み ケーススタディ

小学校に上がり、おもちゃに加え
学用品やプリントなどが増え、収納法に悩む子どもも。
放っておくとモノがどんどん増えるので、
適正量を意識して片づいた部屋を目指しましょう。

theme: 学用品

7~9歳のお悩み

「親まで届かない学校のプリント」確実に受け取る方法はある？

ママのお悩み

学校から親宛てのプリントがあっても、なかなか出してくれません。ママ友と話していて「そのお知らせ、聞いてない！」と恥ずかしい思いをしたことも……。

子どものお悩み

学校から帰ってすぐは「プリントを渡さなくちゃ」と覚えているけど、ママが忙しそうだからあとで渡そうと思っているうちに忘れてしまうことも。

幸子：子どもがプリントを出したいタイミングと、大人がプリントを確認したいタイミングにズレがあると、こういったお悩みが生じることがあります。このような場合は、**子どもがいつでもプリントを出せる場所をつくることで解決できます。**

麻帆：我が家の場合は、「親宛てのプリントは机の上に置いておく」というルールでした。親が忙しそうだったり不在だと、どうしても「あとで渡そう」と思ってそのままに。自分のタイミングで出せれば忘れることもありません。

幸子：家事や手元の作業ですぐにチェックできなくても、「親宛てのプリントはここに置く」というルールが決まっていれば、親も落ち着いたときにチェックできますよ！

幸子　使用ITEM

Ⓐ木製スタンドファイルボックス A4用、Ⓑ木製書類トレー A4 2段〈ともに無印良品〉

これで解決！

子どものタイミングで出せるしくみづくりが大切

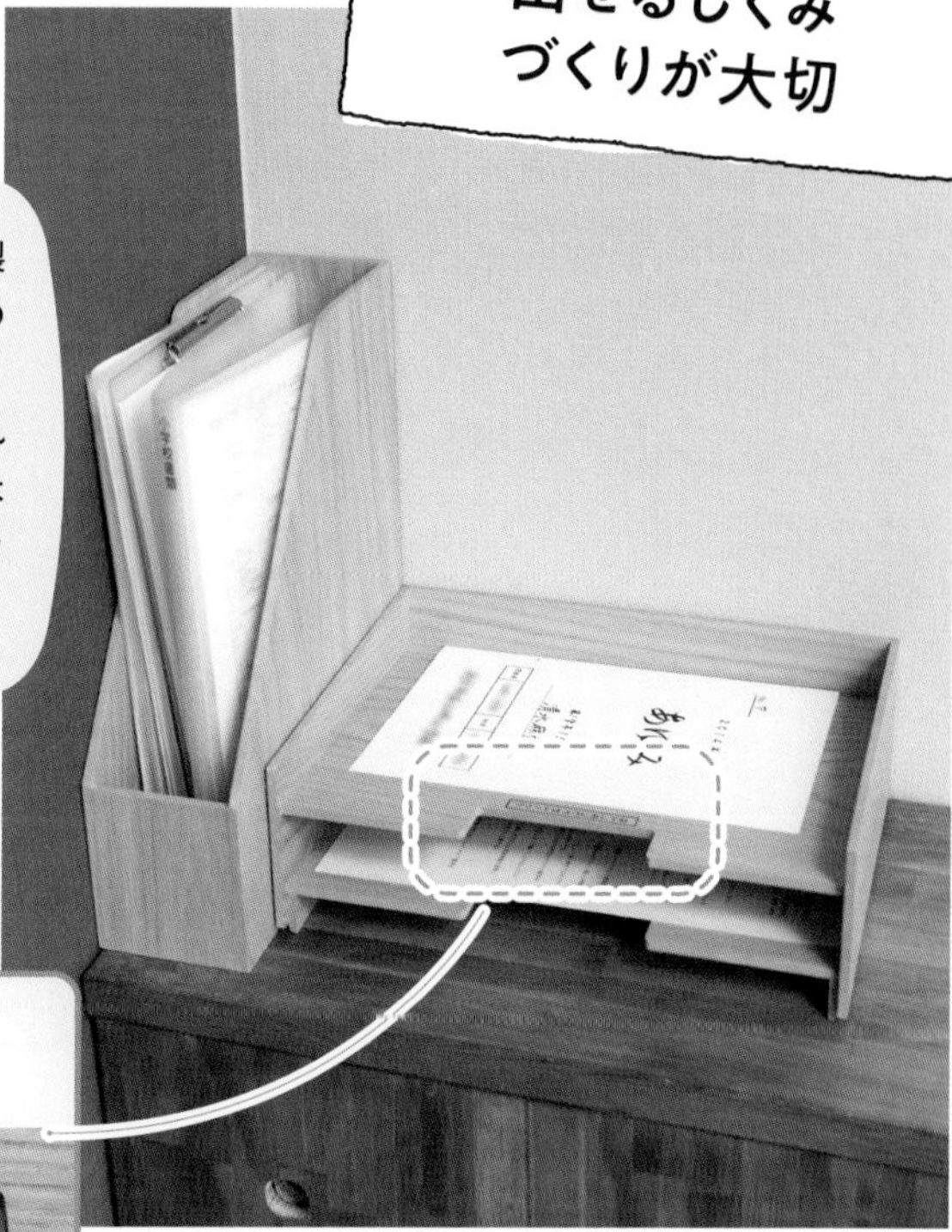

無印良品の書類トレーは、木製でインテリアになじみやすいのが特徴。リビングの一角にプリントを出せるスペースがつくれます。学校関連の重要な書類は同じシリーズのファイルボックスにまとめて収納しましょう。

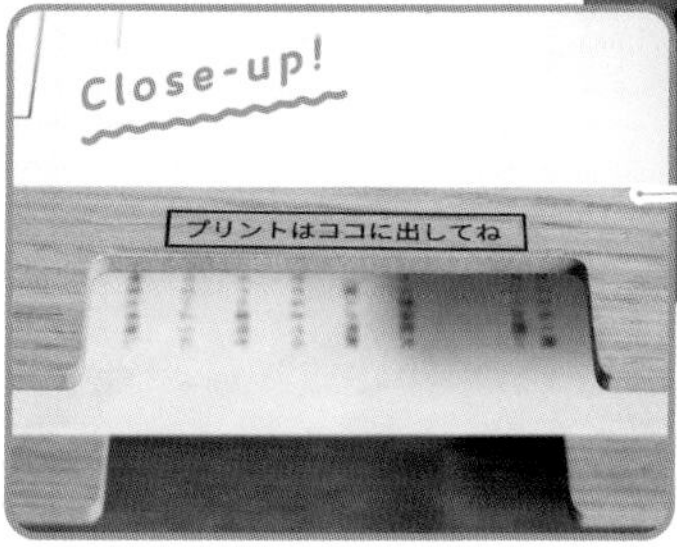

ラベルプリンターで「プリントはココに出してね」と書いたシールをつくって貼っておくとルール化しやすい。

これもおすすめ

透明なラックでも、同じようにルール化が可能！プチプラでそろえられる！

置く場所のルールさえ決められれば、場所や素材は何でもOK。私のおすすめは、DAISOの書類トレー。透明で圧迫感がなく、重ねて使うこともできます。

7~9歳のお悩み

「リビングに散乱する文具」自分できちんと片づけてほしいです

theme: 文具

子どもがリビング学習をするので、いつも筆記具が机の上に置きっぱなしに。リビングで勉強するのは良いけれど、終わったらちゃんと片づけてほしいです。

ママのお悩み

幸子：最近はリビング学習する小学生が増えているので、こうした親のお悩みも増えている印象です。

麻帆：勉強する子どもの立場から考えると、やはり勉強に使う鉛筆や消しゴムといった文具は、使う場所の近くに置いておきたいところ。また、**リビングに文具があれば、音読の宿題や健康カードの記入時などに、おうちの人もラク**ですよね。

幸子：ダイニングテーブルの上にペン立てを置いているご家庭も多いと思いますが、より部屋をスッキリさせたいならば、机の下の空間を活用して、収納スペースをつくるのがおすすめです。専用の収納ケースを使えば、机の下にケースを貼るだけで簡単に設置することができます。文具を使ったあとは、サッと片づけられるので便利です。

幸子 麻帆 使用ITEM

後付け収納ケース〈Tokeo〉

これで解決！

テーブル下に収納スペースをつくればスッキリ

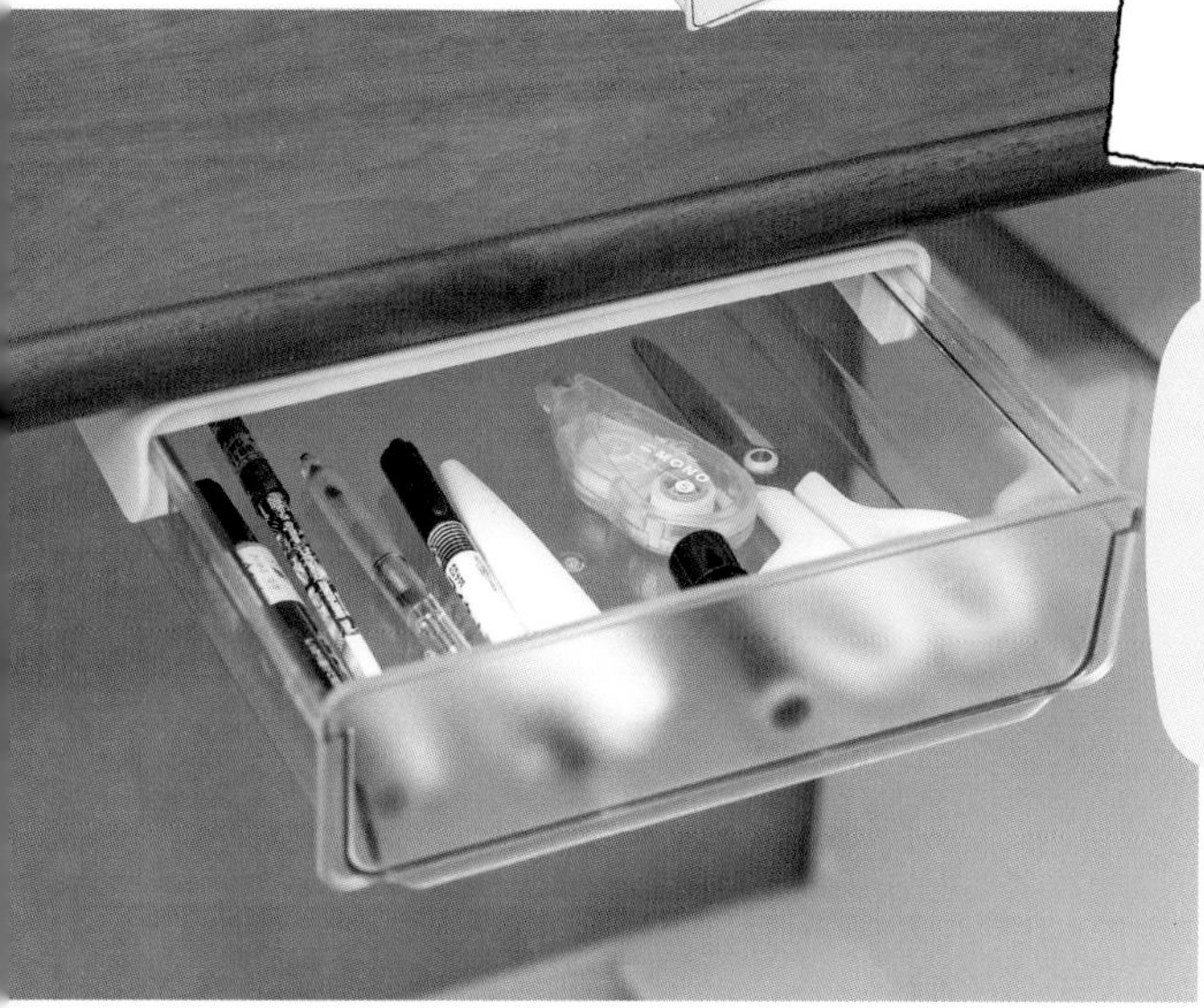

Tokeoの後付け収納ケースを使えば、両面テープを貼るだけで机の下に収納スペースが誕生します。工具不要で取りつけられるのもうれしいポイント。机の下に収納スペースがあれば、サッと片づけられて便利です。

引き出しの取りつけ方

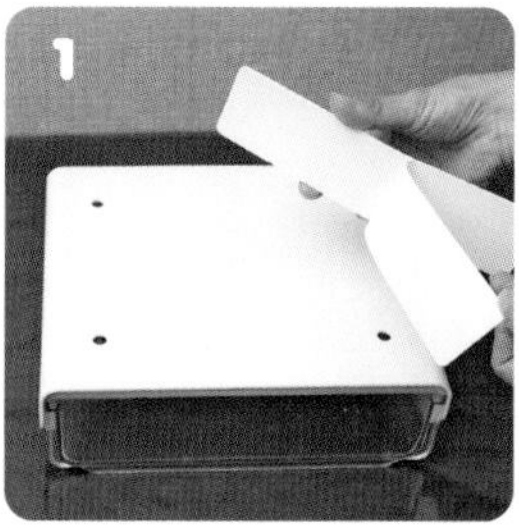

付属の両面テープのシートをはがす。

手前と奥に２枚両面テープを貼る。

取りつけたいテーブルの下にそのまま貼りつけ、しっかりと押さえて完成。

使い終わったら、そのままテーブル下の引き出しに入れれば良いだけなので、片づけが苦手な人でも、これなら簡単です。

theme: 文具・工作

7〜9歳のお悩み

「大好きなシールたち」どうやって収納するの？

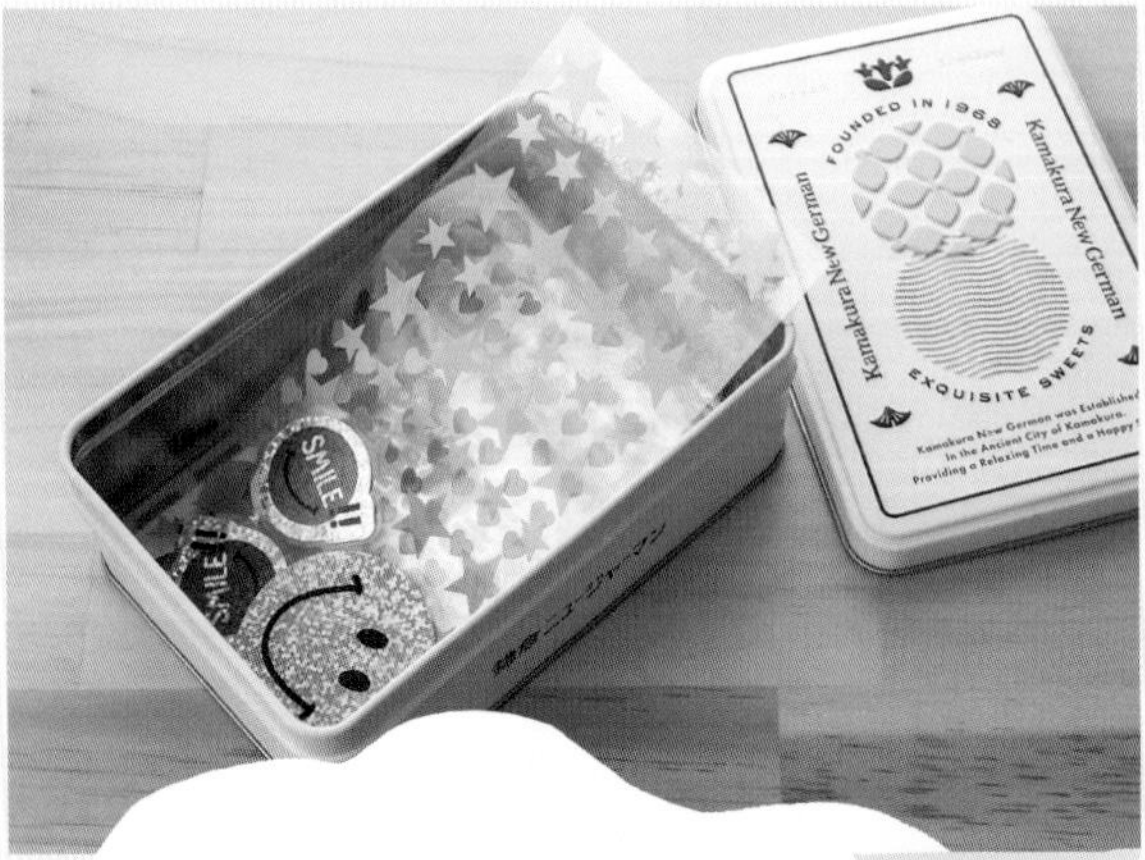

子どものお悩み

かわいいシールが好きで、ママに買ってもらったり、友だちと交換して集めているよ。缶に入れているけれど、もっと選びやすくできないかな。

幸子：シールは、**種類ごとにラベリングして保管すると、「自分が今どんなシールをどれくらい持っているのか」がすぐにわかって便利**です。アコーディオン式のケースを使うと、シールをサッとしまえて取り出すのも簡単！

麻帆：小さめのリングファイルに入れて保管する方法もあります。本のようにパラパラめくって眺められるので、集めたコレクションから使うシールを選んだり、友だちとシール交換をしたりするのがもっと楽しくなりますよ！ コンパクトに収納できるので、持ち運びにも最適です。

幸子：これらの収納方法は年下のきょうだいと一緒に出かけるときに、おもちゃ代わりにシールを持っていくのにも便利です。

幸子

使用
ITEM

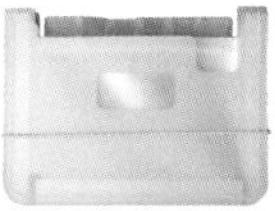

セマック ドキュメント
スタンド ポストカード
(135×187×約20～330㎜)
〈セキセイ〉

\ これで解決！ /

アコーディオン式ケースとラベリングで使いやすく

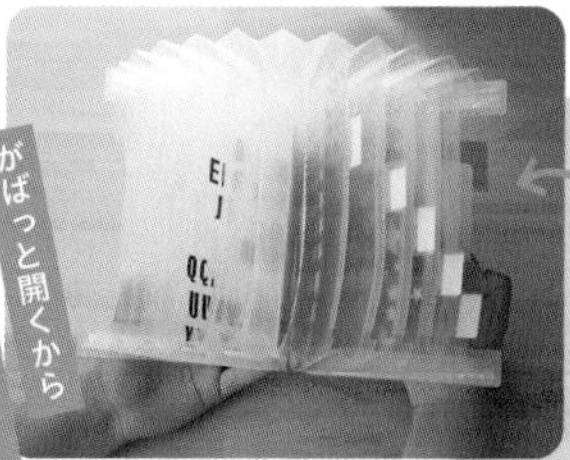

がばっと開くから
使いやすい！

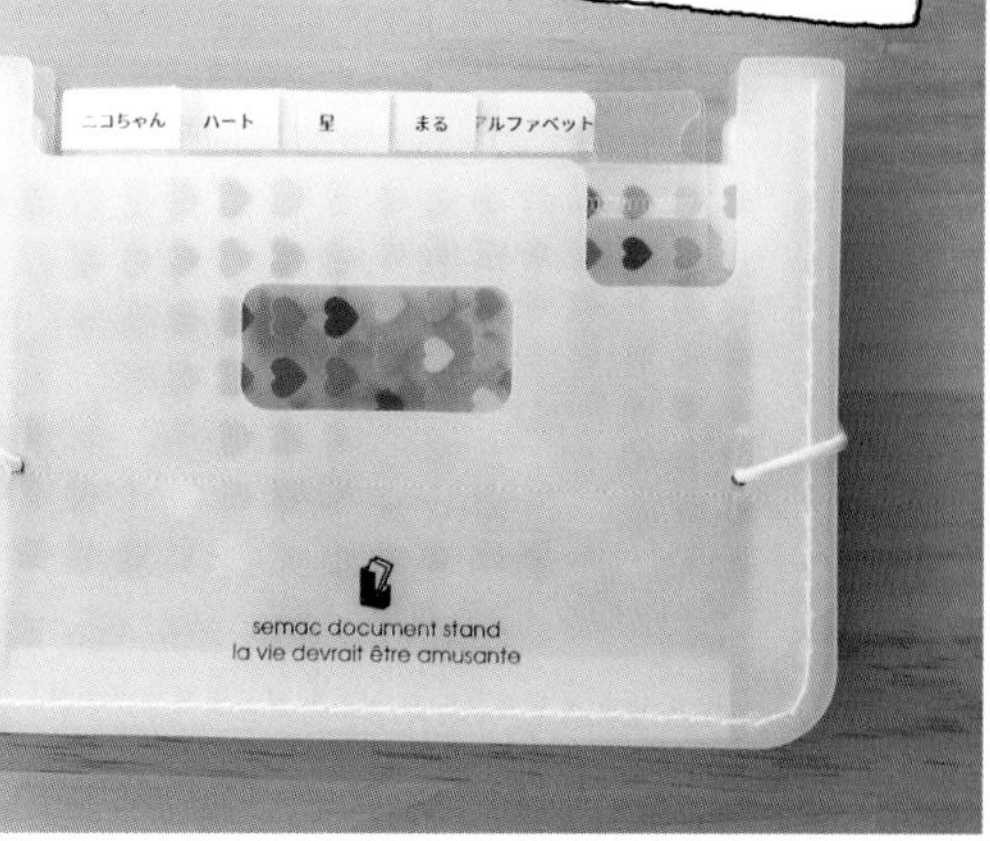

セキセイのセマック ドキュメントスタンドは、がばっと開いて使いたいシールが探しやすく、しまうときはコンパクトに収納できます。ラベルを貼って、種類ごとに分けて保管しましょう。

麻帆

使用
ITEM

6リングバインダー
〈Seria〉

\ これで解決！ /

持ち運びがラクな収納にすればシール交換もしやすい♪

閉じると
こんなにコンパクト

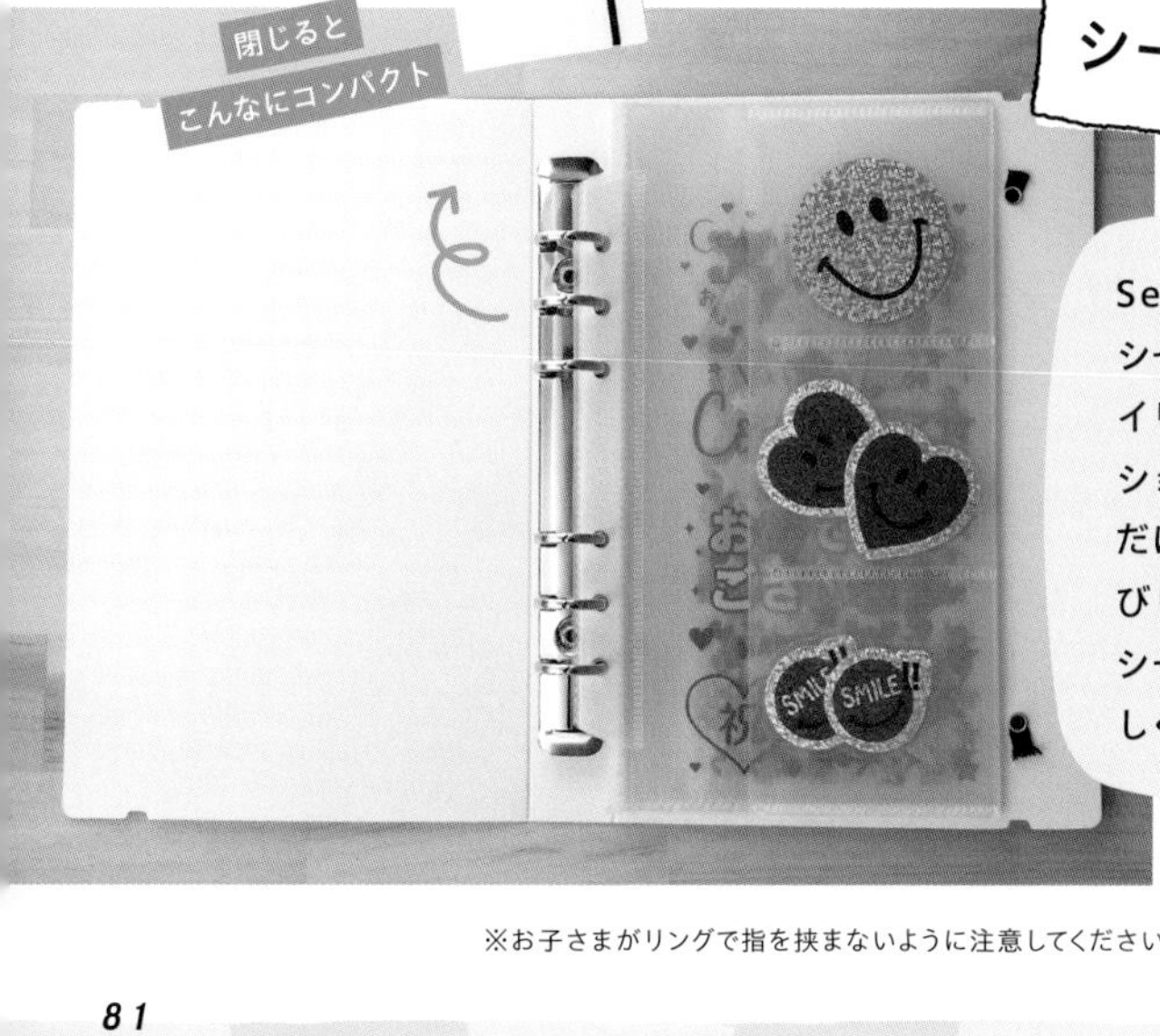

Seria の6リングバインダーにシールを収納。バインダーにファイリングすると、一気に「コレクション感」がアップ！　見ているだけでワクワクできるし、持ち運びしやすいので友だちとのシール交換もさらに楽しくなります。

※お子さまがリングで指を挟まないように注意してください。

7~9歳のお悩み

theme: おもちゃ

「部屋いっぱいのぬいぐるみ」かわいく収納したいです

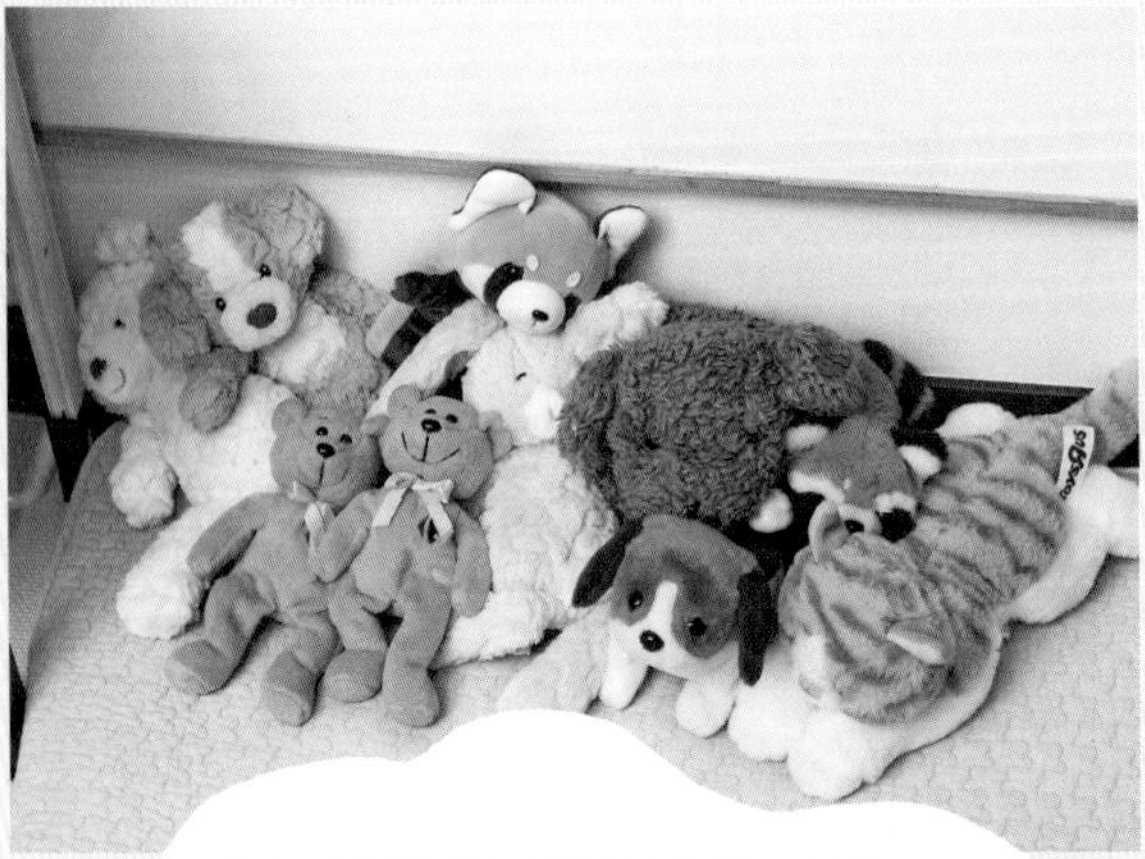

子どものお悩み

ぬいぐるみが大好きだけど、部屋の隅に置きっぱなしになっているので、ぬいぐるみたちがかわいそう。もっとかわいく飾る方法を教えてほしいな。

麻帆：ぬいぐるみの収納って本当に悩んでいる方が多いんです。ぬいぐるみの大きさや数によっても収納法は変わってきますが、**私のお気に入りの方法は、100円ショップのネットバッグを使ったハンモック収納です。**テレビで以前、紹介したこともありますが、ぬいぐるみたちがハンモックに揺られているような雰囲気で、とてもかわいくディスプレイできます。

幸子：ハンモック収納は3~4個のぬいぐるみのディスプレイに適していますが、**数が多い場合は、かわいいラックに飾ったり、カゴに入れるのも良いですね。**取っ手がついていたり可動式だったり、移動しやすい収納にすると、掃除がしやすくなります。

麻帆

使用
ITEM

カラーネットバッグ
（約40×44㎝）〈Seria〉

これで解決！

ネットバッグでハンモック収納を手づくりしよう

ハンモック収納の場合は、お気に入りのぬいぐるみを厳選して飾り、残りは収納ケースやカゴに入れて収納しても良いですね。

ハンモック収納のつくり方

※画びょうを使う場合は、ひっぱって画びょうが落ちないよう注意してください。

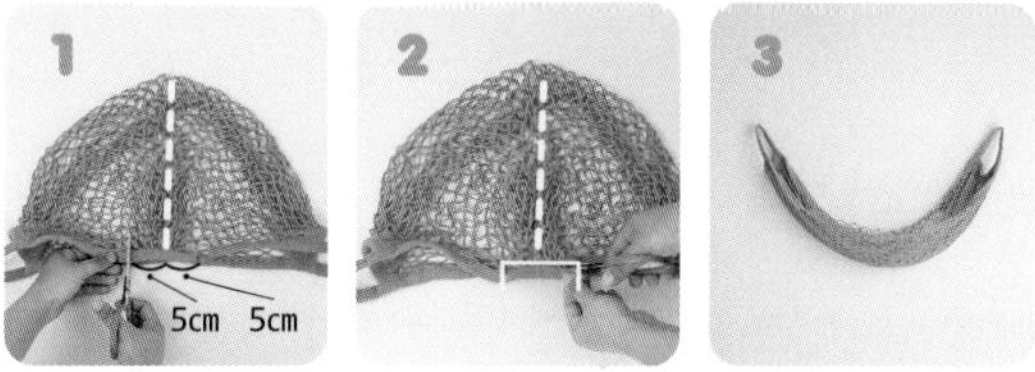
1
5cm
5cm
2
3

1ネットバッグの持ち手を左右それぞれの手で持って広げ、平らに置く。ひだになっている中心から、それぞれ5cmほどの位置をハサミで少しカットする。2 ❶で切った2カ所をつなげるように、横をカットする。3少しゆるませた状態で、壁に画びょうやフックなどで取りつけて完成。

これもおすすめ

家の形の収納棚がオシャレ

イケアのフリサット ドールハウス／ウォールシェルフに飾れば、家の中にぬいぐるみが住んでいるかのようなかわいらしい印象に。

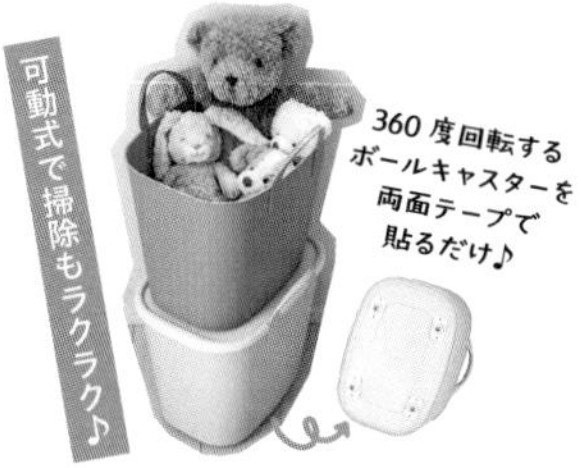
可動式で掃除もラクラク♪
360度回転するボールキャスターを両面テープで貼るだけ♪

KEYUCAのLioソフトBOXは、たくさん収納できて積み重ねもできる優れもの。下にキャスターをつけると使い勝手がアップ！

カゴにまとめるのも便利！

イケアのリーサトルプ バスケットは、見た目がオシャレなので、入れるだけでかわいく収納できる。持ち手があるので移動もラクラク♪

「頑張ってつくったブロック作品」どこに置くか困っています

theme: おもちゃ

ブロックでかっこ良い作品をつくっても、遊びの時間が終わると「片づけなさい」と言われちゃう。せっかくつくったから、本当はしばらく飾っておきたいな。

子どものお悩み

幸子：子どもにとっては、時間をかけてつくった立派な作品。毎回壊して収納するのではなく、次はつくったモノで遊べるように、「飾る収納」スペースがあると良いですよね。

麻帆：作品置き場をつくるのは難しいと思うかもしれませんが、**作品置き場は固定ではなく、例えばトレーなどを使って、持ち運びができるようにすると便利**ですよ。

幸子：使わないときは押し入れなどに入れておき、遊ぶときは遊びスペースに移動させるのも楽チン。リビングや玄関などに飾ることもできますよね。

麻帆：部屋をスッキリさせたいママと、自慢の作品を飾りたいお子さんの両方がWINWINの収納になりますよ。

＼これで解決！／

取っ手つきのトレーを作品置き場に

好きなところに
持ち運べるから
うれしいな♪

「完成した作品は、ここに飾ってみんなに見てもらおう！」と決めておくと、作品づくりのモチベーションもアップ！　コルクボードは滑りづらいので、子どもでも落とさず運ぶことができます。

ブロックは年齢によって収納を見直そう

幼児向けのブロックはパーツが大きめで、年齢が上がるにつれてどんどんパーツは小さくなります。大きめのパーツはざっくり収納でOKですが、パーツが細かくなると、仕切りつきのケースや引き出しなどに入れるほうが便利に。定期的に子どもと相談して、収納法を見直しましょう。

麻帆 使用ITEM

Ⓐコルクボード（約40×60㎝）、Ⓑハンドル93㎜ 古色仕上げ〈Seria〉

取っ手つきトレーのつくり方

Ⓐのコルクボードの短い辺の中心に、瞬間接着剤でⒷのハンドルを取りつける。左右同じ位置になるように注意して反対側も貼って完成。

theme: 身じたく・衣類

7~9歳のお悩み

「パンパンのクローゼット」着たい洋服を早く見つけたいです

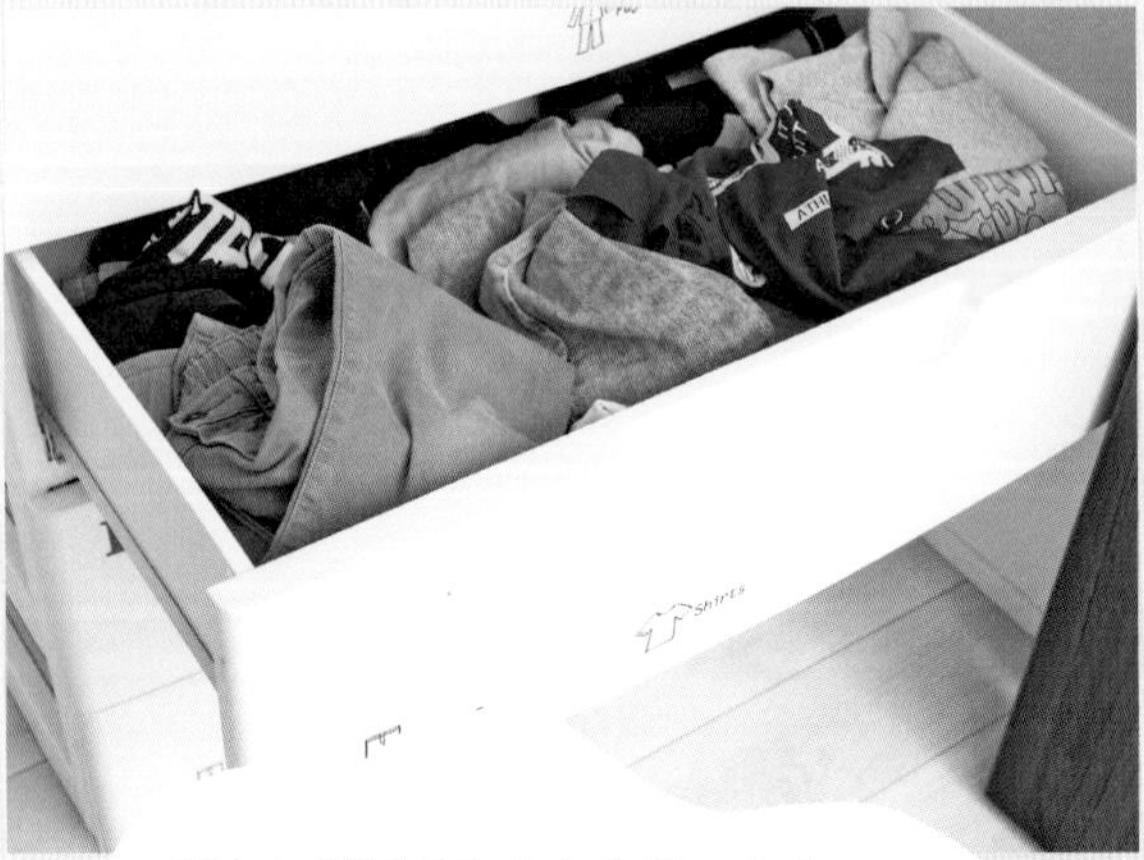

着たい洋服がなかなか見つからなくて、朝から学校に遅刻しそうになっちゃうよ。もっと選びやすく収納するには、どうしたら良いのかな？

子どものお悩み

幸子：**まずは引き出しの中の適正量を知り、ぎゅうぎゅうに詰めないことが大切**です（引き出しの整理収納はP32参照）。たたんだ洋服を重ねて収納すると、下にある洋服が見えず選びにくいので、引き出しに入れる場合は立てて収納しましょう。

麻帆：それよりもっと選びやすいのが、ハンガーにかける収納方法。クローゼットを開ければすぐに洋服が目に入るので、クローゼットのあるお宅では、7~9歳頃の年齢の子の収納は、こちらのほうがおすすめです。

幸子：ハンガーにかける場合も、ぎゅうぎゅうに詰めると、選びにくくなるので、服と服の間に隙間が空くくらい余裕を持って収納するように心がけましょう。

＼これで解決！／

ハンガー収納＆
ラベリングで
探しやすさがアップ！

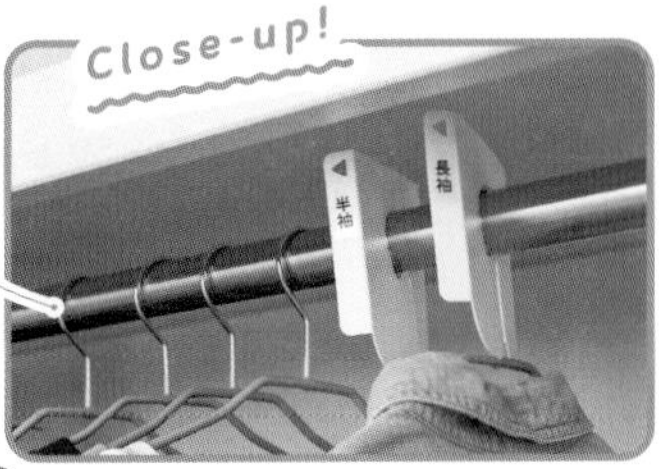

幸子 **使用ITEM**

クローゼットインデックス（6枚入り）〈Seria〉

「半袖」「長袖」「ズボン」など、カテゴリーごとに分け、クローゼットインデックスにラベルを貼って収納すると、取り出しやすさがアップ！

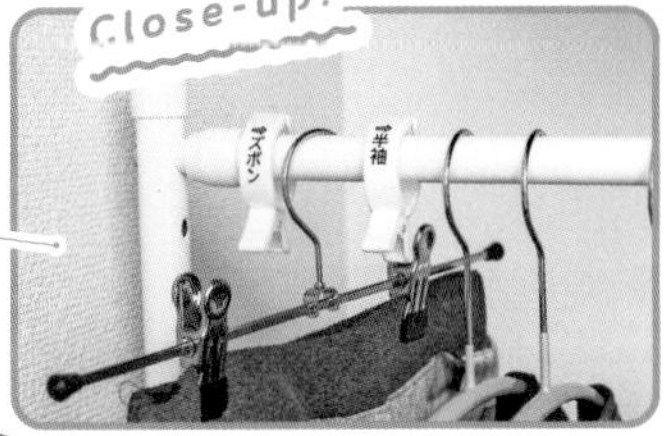

幸子 **使用ITEM**

かんたんコードクリップ2P〈Seria〉

コードをまとめるのに使うコードクリップも、インデックスとして活用できる。パイプが細めのハンガーラックにピッタリのサイズ感。

小物類も吊るせばスッキリ！

置き場に困りがちな帽子などの小物は、ハンガークリップで吊るす収納に。

ハンガー収納をするときは、①ハンガーとハンガーの間はゆとりを持たせる。②カテゴリーごとに分けて、インデックスで区切る。③グラデーションに並べる。この３つを守ると、スッキリ選びやすい収納が完成します。

7~9歳
のお悩み

theme: 身じたく・衣類

「親が手伝う毎朝の身じたく」自分でできるようになる方法は？

ママのお悩み

そろそろ毎朝、自分で洋服を選んで一人で身じたくをしてほしいのですが、「洋服を選ぶのは面倒」と言って、なかなか選んでくれず困っています。

子どものお悩み

だってどんな洋服を選べば良いかわからないし、クローゼットの中がお兄ちゃんの洋服と混ざっていて、選びにくいから面倒なんだ。

幸子：洋服を選ぶのが苦手な子どものやる気を高めたいと思ったら、まずは収納のしくみを変えることからはじめてみましょう。

麻帆：やる気が出ない原因が、実はクローゼットが整理されていなくて選びにくいという場合もあるので、87ページの収納法を参考に見やすいクローゼットのしくみをつくってみましょう。

幸子：**ポイントは、子どもの身長に合わせて低い位置に専用の収納スペースを用意してあげること。**きょうだいがいる家庭なら、ハンガーラックを2段にして、下段は弟、上段は兄という風に分けるのも良いですね。

麻帆：子どもの目線に洋服があると自分で選びやすくなり、やる気がアップします。

スペースが空きがちなクローゼットの下部に、高さが低いハンガーラックを用意。子どもが成長して使わなくなったら、洗濯物干し用として使っても◎。

これで解決！

自立するラックを使ってクローゼット下部を有効活用

これで解決！

ブランコハンガーで簡単に収納力がアップ！

お値段的に市販のハンガーラックを買うのはちょっと……という場合は、ブランコハンガーを手づくりしましょう。チェーンを使えば高さを自由に変えることができ、もとに戻すのも簡単です。

麻帆 使用ITEM

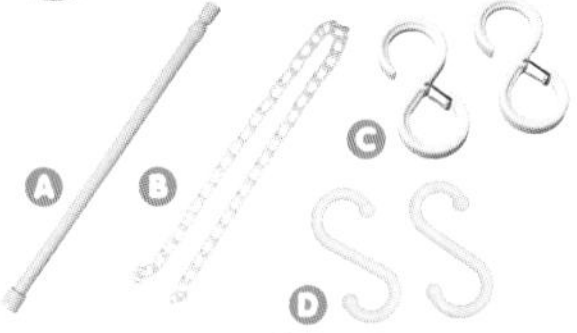

Ⓐつっぱり棒、Ⓑチェーン（2本）、ⒸストッパーつきＳ字フック(2個)、ⒹＳ字フック（2個）

ブランコハンガーのつくり方

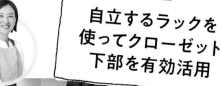

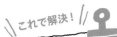

1 Ⓐのつっぱり棒の両端にⒷのチェーンを、ⒸのストッパーつきＳ字フックでつなげる。**2** Ⓓでもともとあるハンガーパイプに❶を取りつけて完成。

まだまだある！

7～9歳の お悩みケーススタディ

Q 子どもが朝ハンカチやティッシュを忘れがち……

A 忘れにくい収納場所はどこか考えてみよう

　子どもがハンカチやティッシュを頻繁に忘れてしまう理由は、動線上に収納がないことが原因かも。洋服の近くや玄関など、取り出すタイミングを考えて収納しましょう。同時に使うモノはひとつのケースにまとめておくと、忘れ物防止につながります。例えば、週に1回使う習いごとユニフォームもまとめて同じケースに入れておくと準備がラクになります。

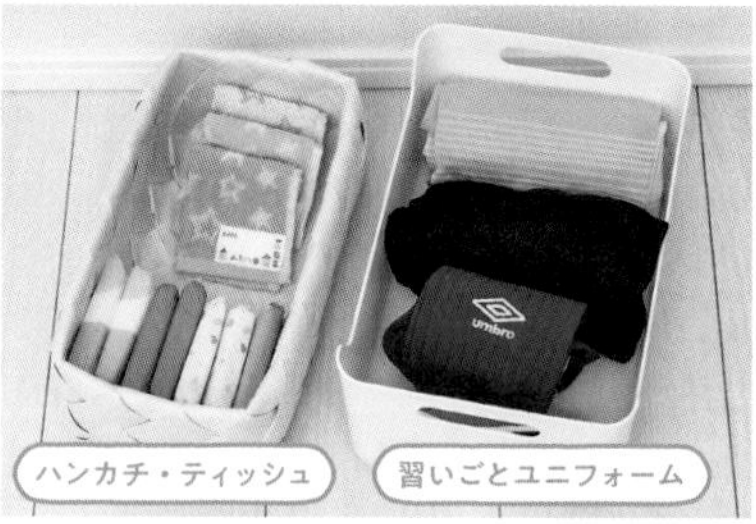

Q カード類のおもちゃが散乱！どう収納すれば良い？

A 用途や目的に合わせた収納法を選ぼう

　カードの収納法は、どのように遊びたいかによって変わってきます。例えば友人と交換して遊びたいなら、持ち運びしやすいコンパクトなファイルケースに。コレクション用に眺めたいなら、ポケットファイルに1枚ずつ入れて丁寧に保管します。家の中で遊ぶ場合は、取り出しやすさ重視のカードケースに入れると便利です。

Q 習いごとの道具が学用品と混ざってしまい焦ることも……

A ゾーニング＆定位置管理で混ざるのを防止

　学校に持っていくモノはAの場所、習いごとの道具はBの場所というように、使用用途に合わせてゾーンを決めて（ゾーニング）、まとめて収納しましょう。収納場所が決まったらラベルを貼って定位置管理。使ったらもとの場所に戻すことを徹底すれば、グループの違うモノが混ざってしまうのを防げます。

PART 5

10~12歳のよくあるお悩みケーススタディ

子どものモノは親の管理から手を離れ、
子ども自身が管理するよう徐々にシフトしていく時期。
子どもの考えを尊重しつつ、上手にサポートしていきましょう。

10~12歳のお悩み

theme: 学用品・文具

「ごちゃごちゃの引き出し」学習机をキレイにするコツは？

子どものお悩み

引き出しの中の整理って難しい！　整頓用の仕切りも買ってもらったけど、うまく使いこなせなくてすぐぐちゃぐちゃになっちゃうんだ。

麻帆：仕切りを使って整理しようとしているのはとても良いと思います。ただ、どこに何を入れるか決めておかないと使っているうちにぐちゃぐちゃになってしまいます。文具は用途別に分け、収納の位置を決めると、より使いやすくなります。**ケースにラベルを貼っておけば、使ったあと同じ場所に戻しやすくなるので、整理された状態をキープできます。**

幸子：仕切りのサイズが引き出しのサイズと合っていないと、開閉するたびに中でガタガタずれてしまうので、隙間のサイズに合わせたメラミンスポンジを挟んで動かないように固定すると良いですよ。中央の引き出しには基本的に何も入れないことが理想です。

麻帆 使用ITEM

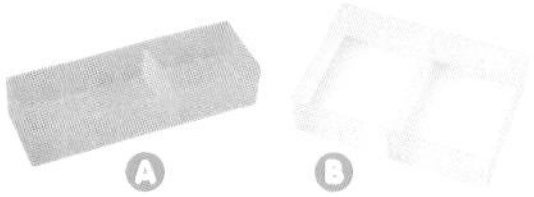

Aポリプロピレンデスク内整理トレー3、Bポリプロピレンデスク内整理トレー4〈全て無印良品〉

これで解決！

仕切りケースで引き出しの中に定位置をつくる

モノの定位置を決めて「使ったらここに戻す」というルールをつくれば、しまうときに迷わなくなるのでキレイな状態をキープできます。無印良品の整理トレーは、仕切りが動かせるので文具の収納におすすめです。

メラミンスポンジを入れるとガタつかない

机とピッタリサイズの仕切りを探すのはなかなか難しいもの。隙間ができてしまった場合は、メラミンスポンジを挟むと、開閉時に仕切りが動くのを防止できる。

これで解決！

中央の引き出しは空っぽにしておくのが理想！

机の中央の引き出し（写真右）は、机の上に出している教科書やノートを一時的に収納する用途で使用すると机の上を常にスッキリさせることができます。

theme: 学用品

「長期休暇に持ち帰る習字道具など」部屋のどこに片づけますか？

ママのお悩み

夏休みや春休みなどになると普段学校に保管している道具を持ち帰ってくるのですが、ずっと学習机の上に置きっぱなしにされていて気になります……。

子どものお悩み

片づけたほうが良いのはわかっているけど、しまう場所がなくて机の上に置くしかないんだ。本当はどこにしまうのが良いんだろう……。

麻帆：習字道具や彫刻刀、絵の具など、長期休暇で持って帰ってくる荷物って意外と多くてかさばるモノが多いんですよね。**休暇がはじまってから収納スペースを確保しようとすると大変なので、これらを収納するための専用スペースをあらかじめつくっておくと良い**と思います。

幸子：学校で保管している期間中に別のモノを置かないようラベリングしておき、普段はそこを空っぽにしておきましょう。普段は使わずあえて空けている場所なので、使用頻度の少ない、棚の高い場所または低い場所を収納スペースにすると良いですね。場所が空いていても「もったいないから何か入れなきゃ」と思わず、しっかりスペースを残しておきましょう。

これで解決！

普段から収納場所を確保しておけば散らからない！

普段の状態

長期休暇中

ラベリングしておけば
何を置くかすぐわかる

何を収納する予定なのかラベリングしておくと、「空いているのではなく学用品を収納するための場所」だと本人も家族もわかる。

学期中は学校で保管しているモノも、家での保管場所もちゃんと用意することで、収納場所に困らず散らかりません。必要なスペースなので、「もったいない」と考えず、空けておきましょう。

10~12歳のお悩み

theme: 学用品

「ひとつ前の学年の教科書類」捨ててしまって良いですか？

子どものお悩み

去年使っていた教科書って捨てて良いのかな？　友だちに聞くと「一応とってある」と言うから、どこかにしまっておいたほうが良い気がするけれど……。

幸子：基本的には、学年をまたいで使う教科書以外は、新学年がはじまるタイミングで手放してOK。でも「もしかしたら何かで使うかも……」と、不安に感じて残している人も多いのではないでしょうか。その場合はボックスにまとめて収納し、「1年経ったら手放す」などルールを決めておくと良いと思います。

麻帆：私の経験では、小学2年生に上がるときに「もしかしたら1年生の教科書も、何かで必要になるかも」と思い残していましたが、結局見返すことがなかったので、それ以降は学年が変わるごとに手放していました。

幸子：普段見返すことはほぼないので、**取りにくい場所を活用する**と良いですよ。

幸子 使用ITEM

ハンドル付き
ストッカー
深型スリム〈KEYUCA〉

これで解決！

取っ手つきの収納ケースに入れて一定期間保管する

教科書は「〇年経ったら手放す」というルールを決めて入れ替えをしていきましょう。KEYUCA のハンドル付きストッカー 深型スリムは、丈夫な取っ手がついているので、教科書を入れるのに便利です。

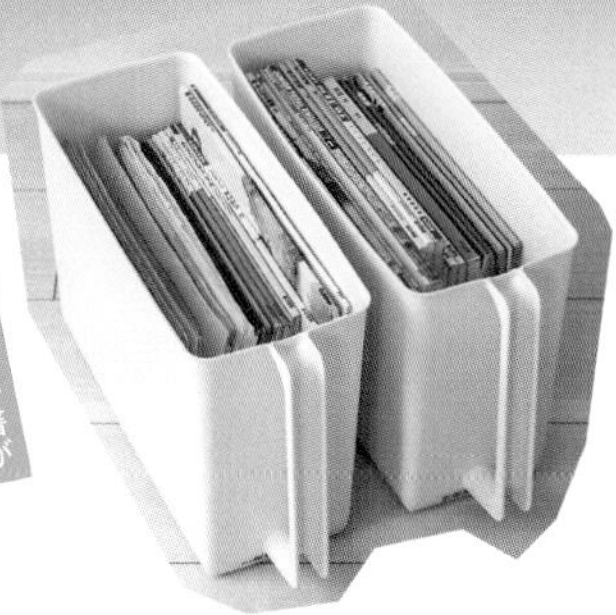

1学年分の教科書がピッタリ入る！

普段は使わないような、クローゼットの上段などに保管しておく。取り出しづらい場所なので取っ手つきで丈夫なモノを選ぼう。

※重たいモノを上部に置くときは落下に注意してください。

これで解決！

簡易的なダンボールケースにざっくり収納してもOK

Seria のモノボックス A 4（ホワイト）は、見た目がシンプルで、使わないときはコンパクトにたためるのでおすすめです。

麻帆 使用ITEM

モノボックス A4 ホワイト
（34×23.5×25.5㎝）〈Seria〉

10~12歳のお悩み

theme: 本棚

「たくさんそろえた本」読みたい本をすぐに見つけたいです

子どものお悩み

本がだんだん増えてきて、「あの本どこだろう」と、毎回探すのに苦労しているよ。奥に入れた本が見つけにくくて、もっと探しやすい収納法はあるかな？

幸子：本は、必ず立てて収納することを意識しましょう。**ジャンルごとにまとめて収納すると選びやすくなります。**

麻帆：理想は「図書館の本棚」です！　図書館では、ジャンルごとに仕切りではっきりと区切られていて、とても選びやすく、探している本が見つけやすくなっていますよね。あの仕切りを１００円ショップなどで販売されているブックエンドとクリアホルダーを使ってつくる方法があるので、ここで紹介します。

幸子：コミックや小説など小さめの本は、本棚の奥に入れると探しにくくなってしまうので、奥の本を取り出しやすくする専用商品を活用すると良いですよ。

これで解決！

図書館のようにジャンル分けをすれば使いやすい♪

Close-up!

ブックエンドとクリアホルダーでつくったインデックスで、検索性がアップ！　取り出しやすく戻しやすい収納に。

本はジャンルごとに分け、ある程度高さをそろえて収納すると見栄えが良くなります。ブックエンドとクリアホルダーを使って仕切りをつくり、「のりもの」「えほん」「ずかん」など、ラベルを貼って区切ると、管理しやすくなります。

麻帆

使用ITEM

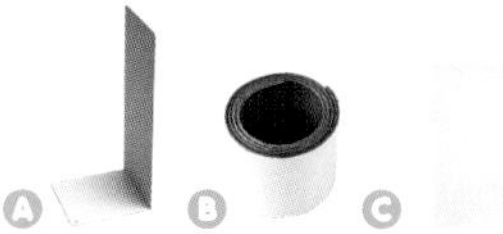

Ⓐブックエンド（縦 20 ×横 13.5 ×奥行き 10㎝／ 2個使用）〈DAISO〉、Ⓑマグネットテープ、Ⓒクリアホルダー（B6）

見だしつき仕切りのつくり方

1 Ⓐのブックエンドの上下にⒷのマグネットテープを貼る。

2 Ⓒのクリアホルダーにあらかじめつくっておいたラベルシールを貼る。

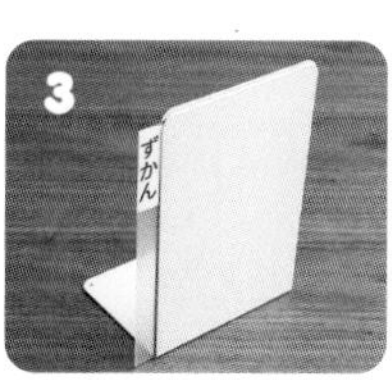

3 1のブックエンドともうひとつのブックエンドに2を挟んで完成。

これもおすすめ

奥に隠れてしまいやすいコミックスや小説は、Seiraの2段式コミックスタンド ホワイトなどの専用商品を活用。省スペースで収納でき、取り出しやすさもアップ。

「置き場所に困る自転車のヘルメット」おすすめの収納方法は？

theme: **その他**

これで解決！

玄関から入ってすぐの場所に定位置を用意！

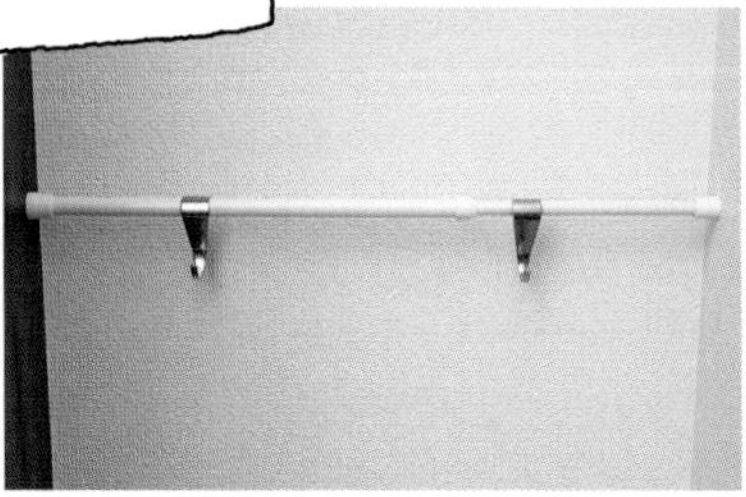

幸子 使用ITEM

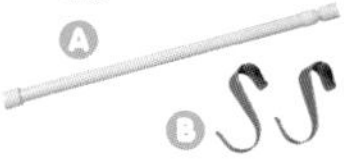

Aつっぱり棒、
B Ush ずれ軽減フック S（２個入り）〈KEYUCA〉

動線を意識して、玄関から入ってすぐの場所につっぱり棒でヘルメットの定位置をつくりましょう。横ずれしない平たいＳ字フックをかけると、ヘルメットを取ったときにフックが外れにくいです。

幸子：自転車のカゴにヘルメットを置きっぱなしにしていて、雨の日にヘルメットがずぶ濡れになっていた……なんていう声も耳にします。そんなことを防ぐためにも、家の中に収納場所をつくることが大切ですね。２０２３年４月から自転車ヘルメット着用の努力義務化もはじまったので、今一度ヘルメット収納について、見直してみると良いと思います。

麻帆：**収納場所は使う場所の近くにつくるのが基本なので、ヘルメットの場合は玄関付近に収納スペースをつくるのが理想的**です。シューズクロークなどの収納スペースがなくても、つっぱり棒とフックを使えば、簡単に収納スペースをつくることができますよ。

10~12歳のお悩み

「増え続ける趣味のモノ」スッキリ収納したいです

theme: その他

これで解決！

コレクションスペースをつくり「見せる収納」で楽しもう

コレクションは「見せる収納」で楽しみましょう。見せる収納は、使うときに取り出しやすいのも魅力のひとつです。

幸子：小学校高学年になると、お小遣いで趣味のモノを集める子どもが増えてきます。

麻帆：この頃は、特にペンやマスキングテープなどの文具を集めることが多いですよね。

幸子：好きなモノがあることはとってもステキなことなので、無理に手放したりせず、たくさん持っていてもOK。ただし、**大事なのは「置くスペースを決める」こと**です。

麻帆：その限界を超えて買い続けると、家の中がモノであふれてしまうので、気をつけましょう。

幸子：趣味のモノは、眺めているだけで楽しい気分になったり、ワクワクします。増え続ける趣味のモノも「見せる収納」でスッキリ収納できると良いですね。

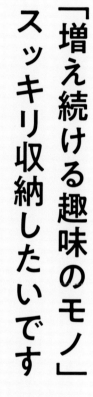

まだまだある！

10～12歳のお悩みケーススタディ

Q 玄関に外遊びグッズがごちゃごちゃに置かれている

A つっぱり棒＋ワイヤーネットで玄関に収納スペースをつくろう

ヘルメットの収納方法（P100参照）と同じように、外で使うモノは玄関に収納スペースがあると片づけやすくなります。収納スペースがない場合は、つっぱり棒とワイヤーネットを結束バンドで固定し、フックをかけて吊るす手づくりの収納ラックが便利。縄跳びやバットなど、さまざまな外遊びグッズがまとめて収納できます。

Q 「片づけなさい！」と言うと「忙しい！」と言われ片づけません

A 子どもの自主性に任せ、そっと見守ることも大切

10～12歳は学業に加え、塾や習いごとで忙しくなる時期。片づけようと思っていても、なかなか時間が取れないのかもしれません。親から「片づけなさい！」と一方的に指示されると反発を覚えてしまいます。しばらくは様子を見つつ、子どもの自主性に任せて、そっと見守るのもひとつの方法です。

Q 雑誌の付録が家の至る所に散乱しています……

A 本当に必要なモノなのか子どもに問いかけて

付録つき雑誌は、豪華な付録に惹かれて買う場合もあれば、たまたま買った雑誌に付録がついていることもあるでしょう。そのまま捨てずに残しておくと増える一方なので、本当に必要なモノなのか、子どもと話し合ってみましょう。必要ないモノは手放す習慣を身につけることが、片づけ上手になる第一歩です。

PART 6

13歳以上の よくあるお悩み ケーススタディ

学用品の他、趣味のモノが増えてくる頃。
子どものモノは子ども自身がほぼ全てを
管理するようになるので、大人はそっと見守り、
助けが必要なときのみサポートしましょう。

13歳以上のお悩み

theme: 学用品

「大量のテストやプリント」上手に片づける方法はありますか？

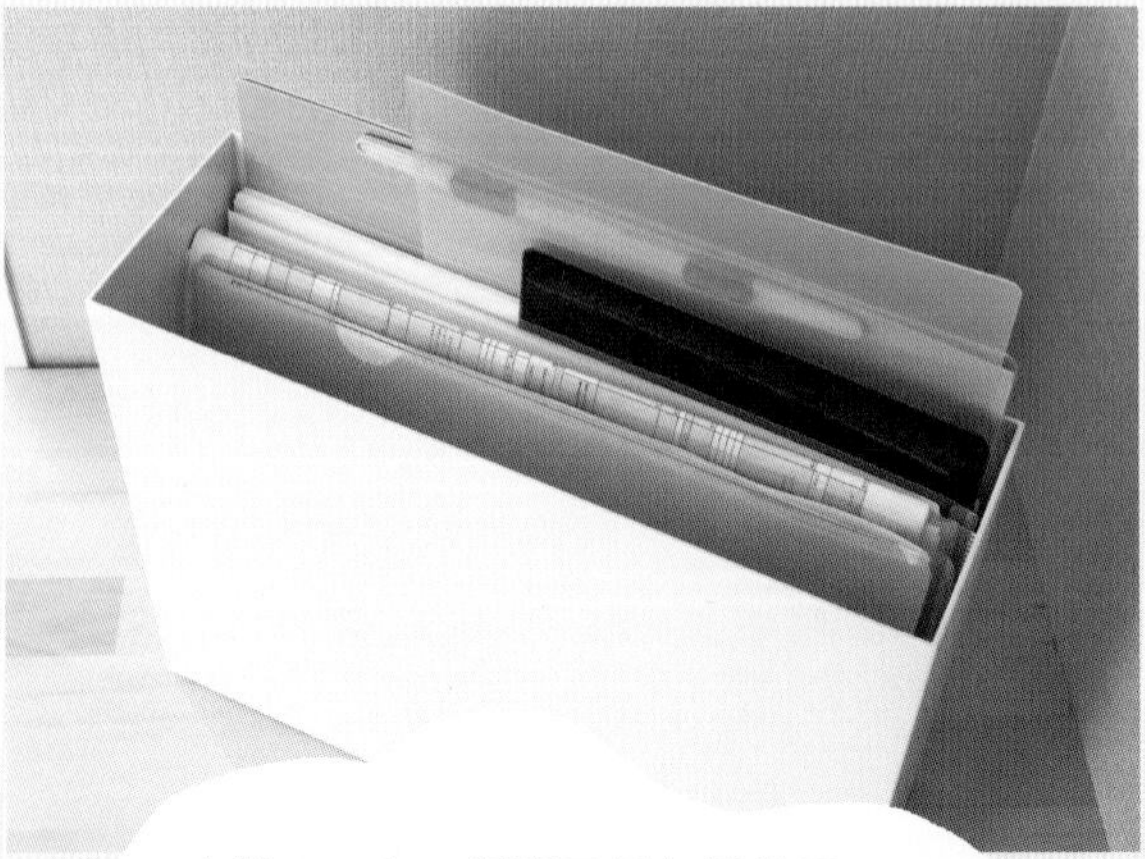

定期テストの問題用紙と解答用紙。学年が進むごとに増え続けていますが整理できていません。いつ処分したら良いかもわからずバラバラになっています。

子どものお悩み

麻帆：定期テストの問題と解答用紙を取っておきたい人は多いと思います。副教科のテストまで入れるとかなりの量になるので、**1年分のテストと解答用紙が入るボックスを用意して、保管すると良いでしょう。**テストの種類ごとに分けて収納しておくと見たいときにすぐ確認できます。

幸子：外で勉強したい人もいると思います。

麻帆：その場合は、マチがついたファスナーケースがベストです。学校や塾で学年末テストの勉強のために見直すときや、部活の後輩にテスト対策として勉強を教えるときにも、軽くて持ち運びしやすいので便利です。ルールを作って整理しておけば、処分のタイミングも決めやすく、上手に片づけられます。

麻帆
使用
ITEM

A

B

Ⓐポリプロピレンファイルボックス・スタンダードタイプ・A4用・ホワイトグレー〈無印良品〉、Ⓑ個別フォルダー カラーPP製5冊パック〈コクヨ〉

これで解決！

見直しやすさを意識してファイリングをしよう

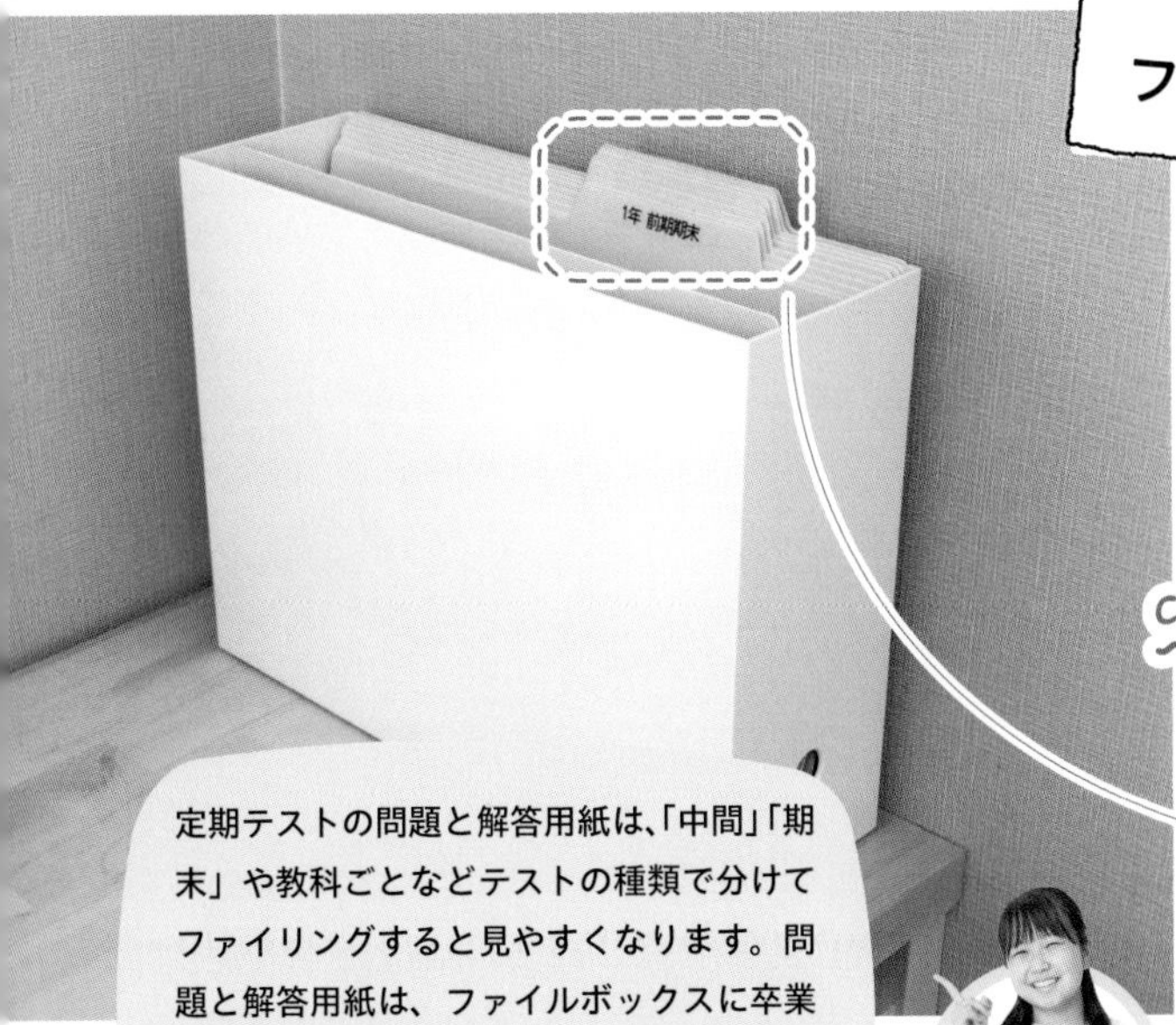

中間テスト、期末テスト、学年末テストなど、テストごとに見出しをつけておくとわかりやすい。

Close-up!

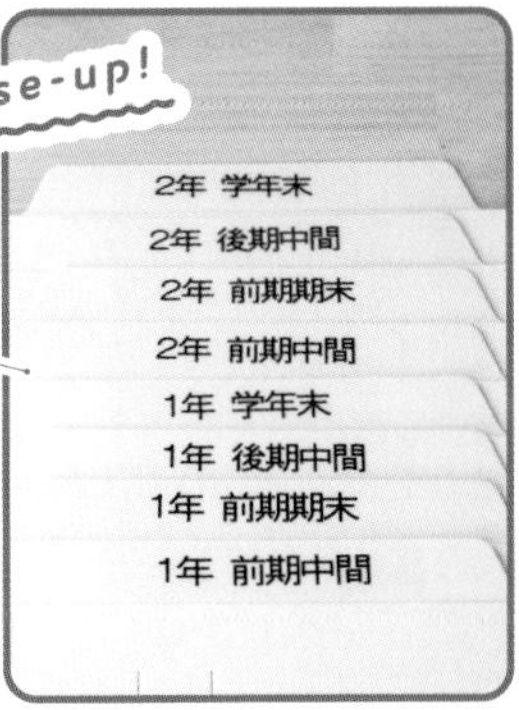

定期テストの問題と解答用紙は、「中間」「期末」や教科ごとなどテストの種類で分けてファイリングすると見やすくなります。問題と解答用紙は、ファイルボックスに卒業まで保管しておきます。自分の見直しだけでなく、後輩にアドバイスする際にも役立ちます！

これもおすすめ

持ち運びたい人は マチつきケースが便利！

家だけではなく、学校や塾で勉強する機会が多い人は、マチが広めなファスナーケースで保管しておくと持ち運びに便利。

ハンギングフォルダーを 使っても◎

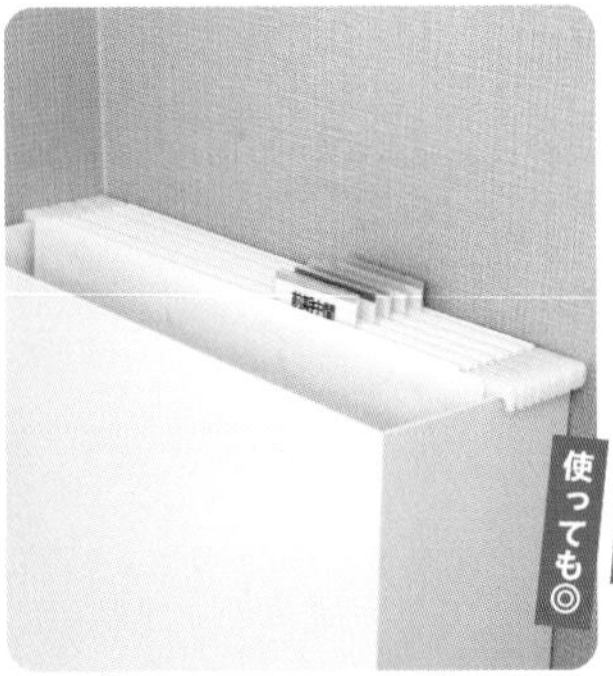

ハンギングフォルダーをファイルボックスにかけて収納。プリントを挟むだけで簡単に整理でき、素早くプリントを取り出せる。

theme: 学用品・オンライン

「オンライン授業のアイテム」スッキリと片づけたいです

オンライン授業で使う、タブレットや充電器などの道具の収納法に悩んでいます。普段はあまり使いませんが、必要なときにサッと準備したいです。

子どものお悩み

幸子：**同じタイミングで使うモノをひとつにまとめて収納しておく「グルーピング収納」がおすすめです。**カゴなどにまとめて収納することで、使いたいときにサッと取り出せて、すぐにオンライン授業をはじめることができます。

麻帆：オンライン授業でスマートフォンやタブレットを使う場合、よくあるのが「スタンドがなくて立てられない」というお悩み。そこで便利なのが、穴あきの有孔《ゆうこう》ボードでつくるスタンドです。これがあれば画面を立てられる上、使わないときは分解してコンパクトに収納できます。

幸子：最近は100円ショップでも有孔ボード用フックの品ぞろえが豊富です。自分好みにカスタマイズできる点もうれしいですね。

＼これで解決！／

収納にも スタンドにも使える 有《ゆう》孔《こう》ボードが大活躍

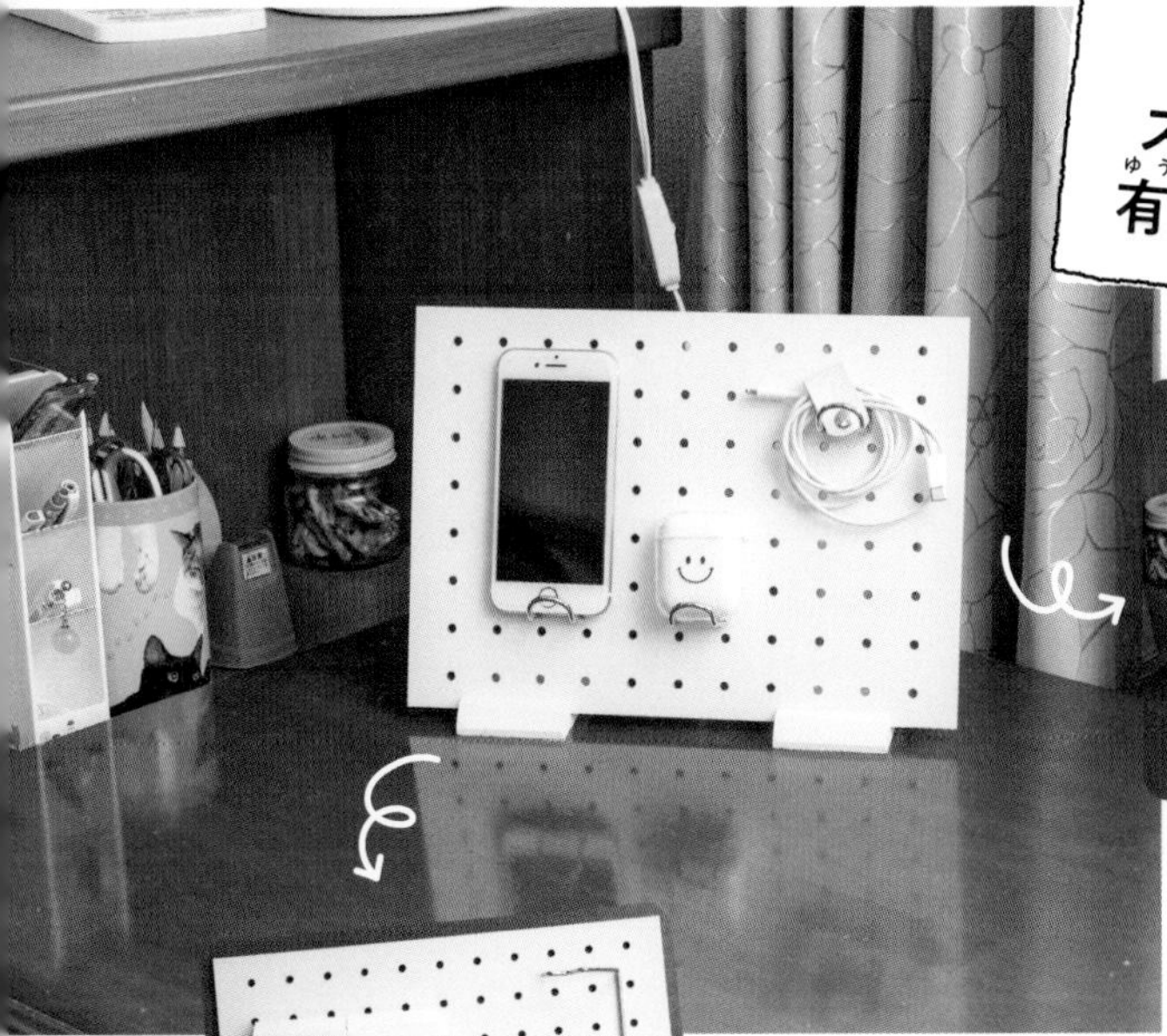

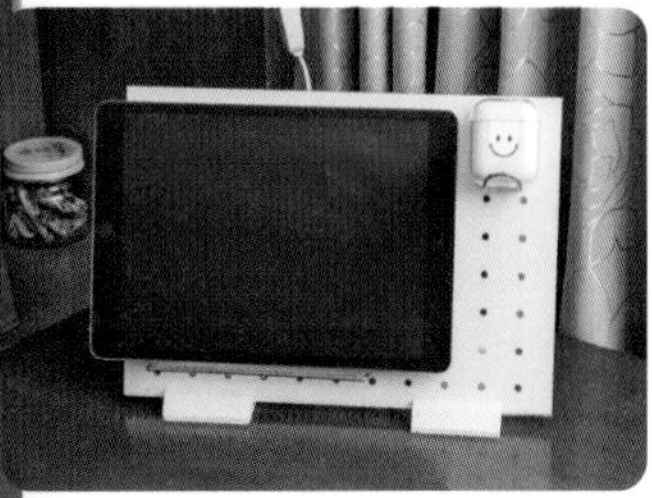

フックを変えれば タブレットにも使える

ループフックをハンガーフックに変更すれば、スマートフォンだけでなく、画面サイズの大きいタブレットも置ける。

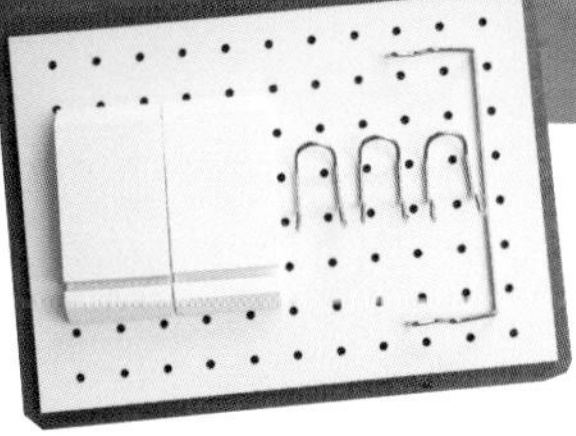

使わないときはこんなにコンパクトに

有孔ボードにフックを取りつけているだけなので、簡単に組み立て、分解が可能。使わないときは分解してまとめられる。

麻帆 使用ITEM

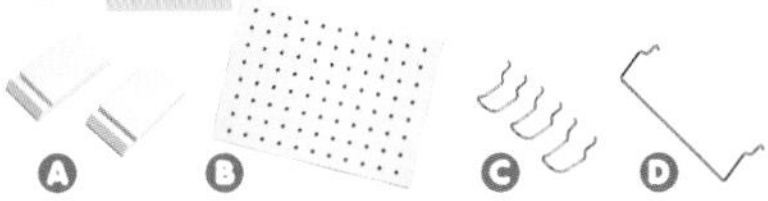

Ⓐスタンドセット（ホワイト・デザインボード専用）、Ⓑホワイトパンチングボード A4（21×29.7㎝）〈Seria〉Ⓒループフック（シルバーカラー・3個入り）、Ⓓハンガーフック（シルバーカラー）〈以上Ⓐ、Ⓒ、Ⓓ DAISO〉

100円ショップで購入した商品だけでつくりました。位置を決めてフックをかけるだけなのでとっても簡単。頻繁に使う場合は「見せる収納」にし、使わない場合は分解してコンパクトに収納できます。

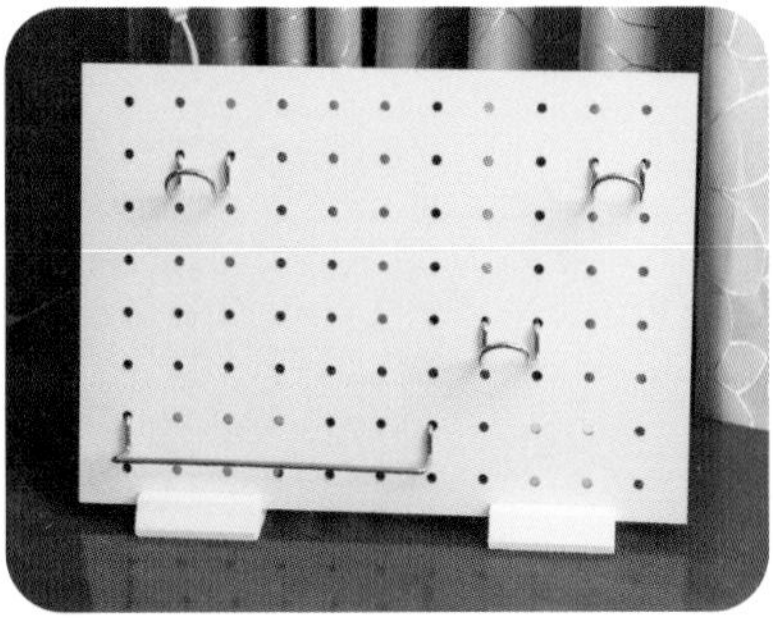

有孔ボードスタンドのつくり方

Ⓐのスタンドの溝にⒷのパンチングボードをはめて、ⒸやⒹのフックを置きたいモノの位置に合わせて取りつければ完成。

theme: 学習机

「机の上の消しゴムのカス」いつも散らかってしまいます

宿題をしたり、絵をかいていると、机の上に消しカスが溜まって散らかるのが気になります。こまめに捨てるのは集中が途切れるので苦手……。

子どものお悩み

幸子：勉強すると必ず出てくる消しゴムのカス。机の上や床に落ちた消しカスを潰してしまうと、あとで掃除するのが大変です。

麻帆：**消しカスが散らかりやすいのは、近くに捨てる場所がないことが大きな理由のひとつ。その場合は、「ゴミ箱を自分の近くに寄せる」ことで解決します。**例えば四角いタイプのゴミ箱を壁にスッキリ取りつけられる両面テープフックを使って机の横にくっつけると、床に置いたときに比べて自分の体により近づくので、簡単に消しカスが捨てられます。

幸子：この方法なら床からゴミ箱が浮いているので、掃除機をかけるのもラクですね。この両面テープフックはリモコン類の収納にも応用できます。

これで解決！

机の高さに四角いゴミ箱を設置すると掃除がラクに

机の横にゴミ箱をくっつけているので、机の上の消しカスをササッと簡単に捨てられます。Can★Doなどで売られている、壁にスッキリ収納できる両面テープフックは、四角いゴミ箱なら浮かせて設置できます。

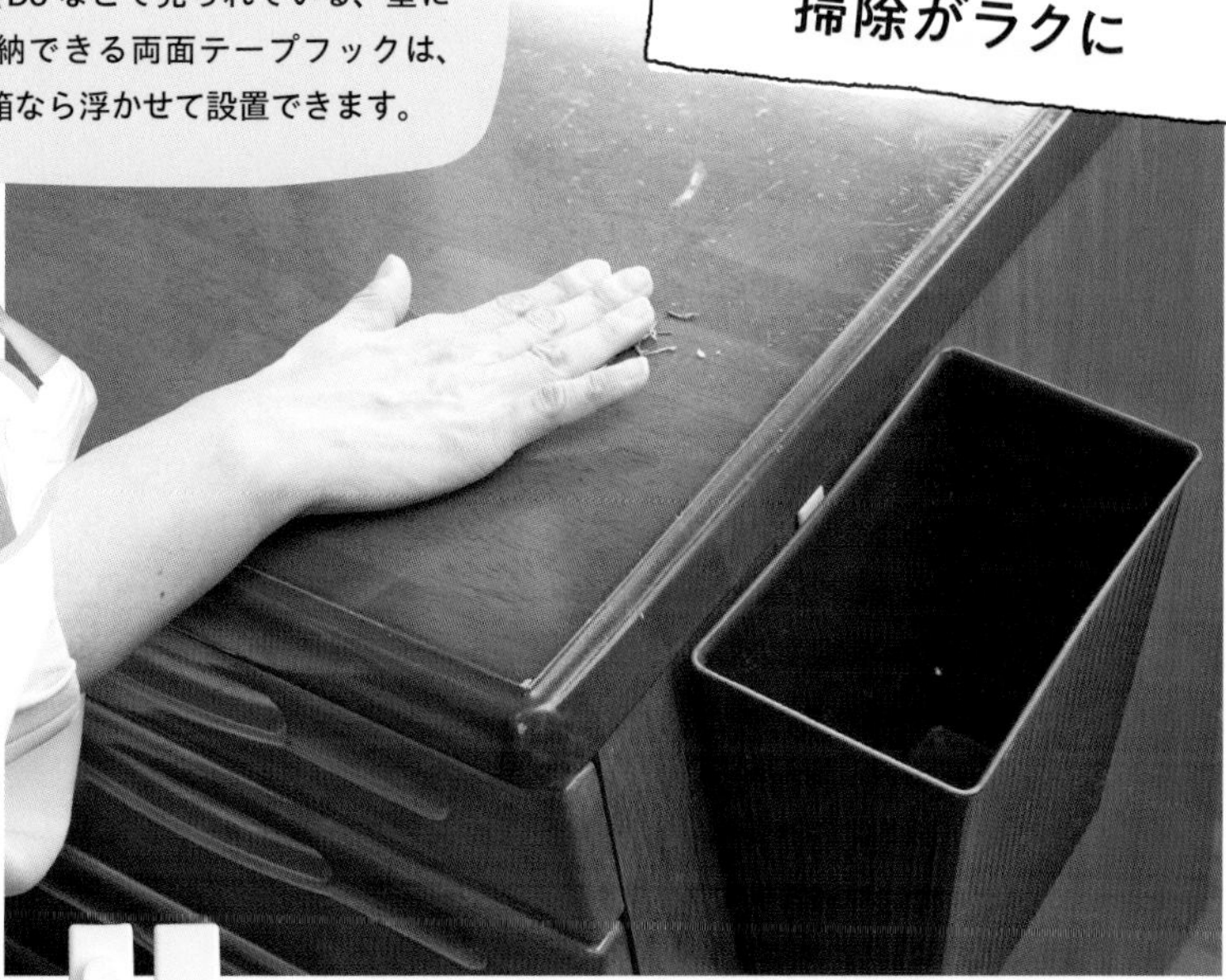

麻帆 使用ITEM

❶ ❷ 両面壁掛けテープフック 2P〈Seria〉

1
❶

2
❷

3

机用ゴミ箱の浮かせ方

1付属の両面テープをはがし、ゴミ箱に❶のパーツを貼る。**2**付属の両面テープをはがし、机の横に❷のパーツを貼る。**3**❷のパーツに、❶をひっかけて完成。

これもおすすめ

置き場所に困るリモコンも一緒に

よく使うエアコンやオーディオのリモコン類も浮かせることで、スッキリ収納できる。

浮いていると
掃除もラクで
はかどる～♪

13歳以上のお悩み

「毎日の制服や部活道具」どこに片づければ良いですか？

theme: 身じたく

小さい頃から使っているポールハンガーに制服をかけていますが、高さが低いので使いにくく、部活の道具をかけるとぎゅうぎゅうになってしまいます。

子どものお悩み

麻帆：制服や部活道具などの毎日使うモノは同じところに収納しておくと、身じたくがラクになります。また、帰宅後も荷物を置く場所が1カ所にまとまっていると片づけやすく、部屋に荷物が散乱するのを防げます。

幸子：平安伸銅工業のドローアラインは好きな場所にほんの少しのスペースがあれば置けるのが特徴。好きな高さにフックを取りつけることができ、カスタマイズして使えるのが魅力です。

麻帆：私も制服や部活の道具をかけて使っています。ポールハンガーだと服やバッグが重なり合ってしまいますが、ドローアラインはモノが増えても取り出しやすいですよ。オシャレなので大人になるまで使えます。

幸子 使用ITEM

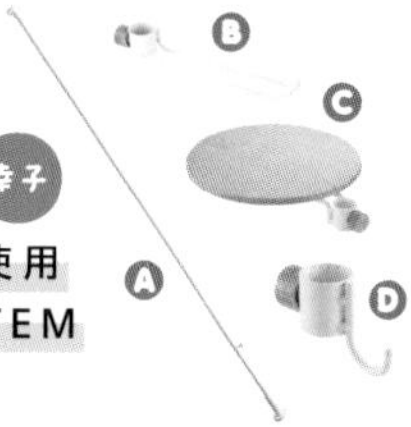
A
B
C
D

Ⓐ DRAW A LINE Tension Rod C White 200～275cm 縦取付 D-C-WH、Ⓑ DRAW A LINE Hook B White 縦取付 D-HB-WH、Ⓒ DRAW A LINE Table A White 縦取付 D-TA-WH、Ⓓ DRAW A LINE Hook A White 縦取付 D-HOA-WH〈全て平安伸銅工業〉

これで解決！

1カ所にまとめて収納すると身じたくがラクになる！

1本の線上に、制服、バッグ、部活道具と並んでいるので、何がかかっているかすぐにわかります。別売りのフックやテーブル、シューズラックといった収納アイテムを取りつけることもできますよ。

テーブルやライトをつけてカスタマイズできるのもうれしい♪

収納するモノを変えてずっと使い続けられるのが魅力

制服が必要な学生時代はもちろん、大学生、社会人になり制服が不要になったあとも、別のモノをかけて長く使えるのがドローアラインの魅力。清水家ではバッグハンガーとしても愛用している。

13歳以上のお悩み

theme: **衣類**

「ついつい買いすぎた洋服」おすすめの収納方法は？

オシャレに興味が出てきて洋服を集めだしたら、いつの間にかクローゼットがいっぱいに。せっかく大好きな洋服なので、キレイに収納したいです。

子どものお悩み

幸子：ファッションに目覚める年頃なので、どうしても洋服が増えがちですよね。

麻帆：これまでお伝えしてきましたが、洋服収納のコツはズバリ「適正量を守る」ことです。ライフスタイルによって必要な枚数は異なりますが、クローゼットのサイズに対して、「ぎゅうぎゅうになって取り出せない」状態は明らかにキャパオーバー。理想は2～3割くらいの余白がある状態です。余白があると洋服にシワができにくく、オシャレを楽しめます。

幸子：**収納スペースに対して7～8割程度になるよう洋服を整理し、それ以上増えてしまったら見なおしましょう。**ラベルや色を効果的に使うと、持っている洋服がわかり、増えすぎるのを防げます。

クローゼットがぎゅうぎゅうだと使いにくくなるので、ゆとりを持たせましょう。ハンガーの数を決めて、1枚増えたら1枚手放すのを習慣にできると良いですね。

これで解決！

収納の適正量を守り 2～3割の 余白をキープ

帽子は壁面を活用して収納

壁面につっぱり棒を取りつけ、フックをかければ帽子かけが完成。省スペースで帽子が収納できる。

トップスはシーズンごとに分けて引き出しへ

Tシャツやセーターなどハンガーにかけて保管すると伸びてしまうものは、シーズンごとに分けて引き出しへ。輪っかを上に立てて収納すると見やすくなる。

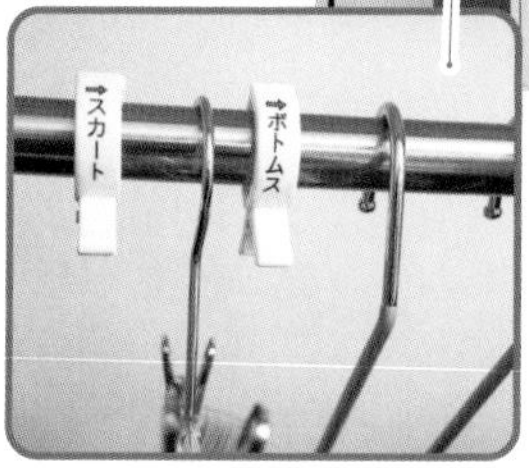

カテゴリー分けでスッキリと整理

コードクリップにラベルを貼り、カテゴリー分けをすることで迷わず収納できる。また、何がどれくらい収納されているか一目瞭然のため、ムダな買い物も防げる。

家族と共有の場合は色分けで見やすく

使用するハンガーはできれば統一する。親やきょうだいとクローゼットを共有している場合は、ハンガーチップで色分けすると◎。ストローにマスキングテープを貼って短く切り、ハンガーに取りつけるだけで簡単。

13歳以上のお悩み

theme: 趣味

「お気に入りの推し活グッズ」オシャレにディスプレイしたい！

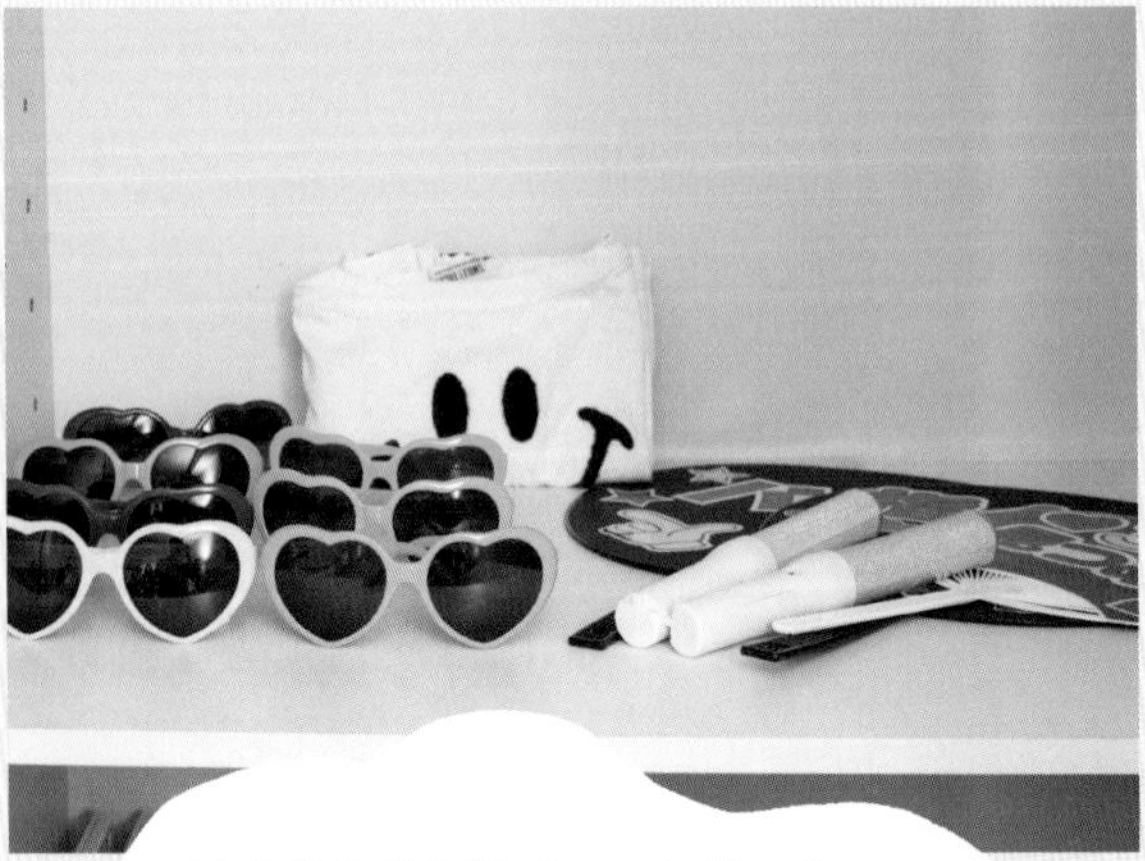

子どものお悩み

アイドルが好きで、コンサートで使うペンライトやうちわなどが、ツアーのたびに増えていきます。見栄えの良いディスプレイ方法があれば教えてください。

幸子：ライブで購入するグッズは、大切な思い出の一部という人も多いと思います。素敵に飾って保管したいですよね。

麻帆：増えやすいアイテムなので、範囲を決めて飾ることがポイントです。量が多い場合は、お気に入りのモノだけを飾ると決め、残りは別の場所に収納するのも◎。**つっぱり棒やワイヤーネットをうまく使って壁面に飾ればたくさんアイテムが置けます。**

幸子：最近ではペンライトが置けるスタンドや、銀テープ用ケースも100円ショップなどで売られています。推し活グッズ専用の収納アイテムをうまく使って、見やすくディスプレイできると良いですね。

棚に置けるグッズの量は限られているので、たくさん収納するためにも壁面を活用して飾りましょう。棚などにつっぱり棒を設置し、そこにS字フックをかけてうちわを飾ったり、ワイヤーネットをかければサングラスやペンライトなどを飾ることができます。

\\ これで解決！ //

壁面を活用してグッズを見やすくディスプレイ

麻帆

使用ITEM

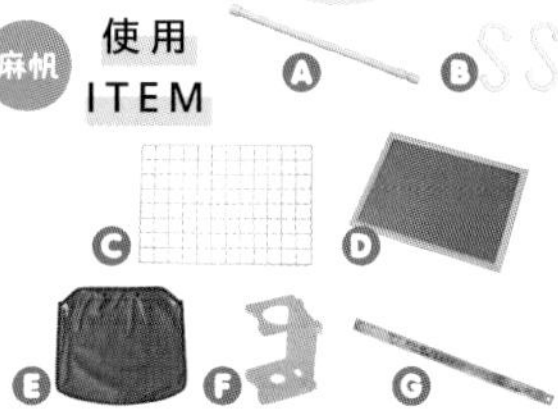

Ⓐつっぱり棒、ⒷS字フック、Ⓒワイヤーネット、Ⓓ額縁、Ⓔうちわカバー（ブラック）〈DAISO〉、Ⓕマイコレ ペンライトスタンド〈Seria〉、Ⓖ銀テープケース〈Can★Do〉

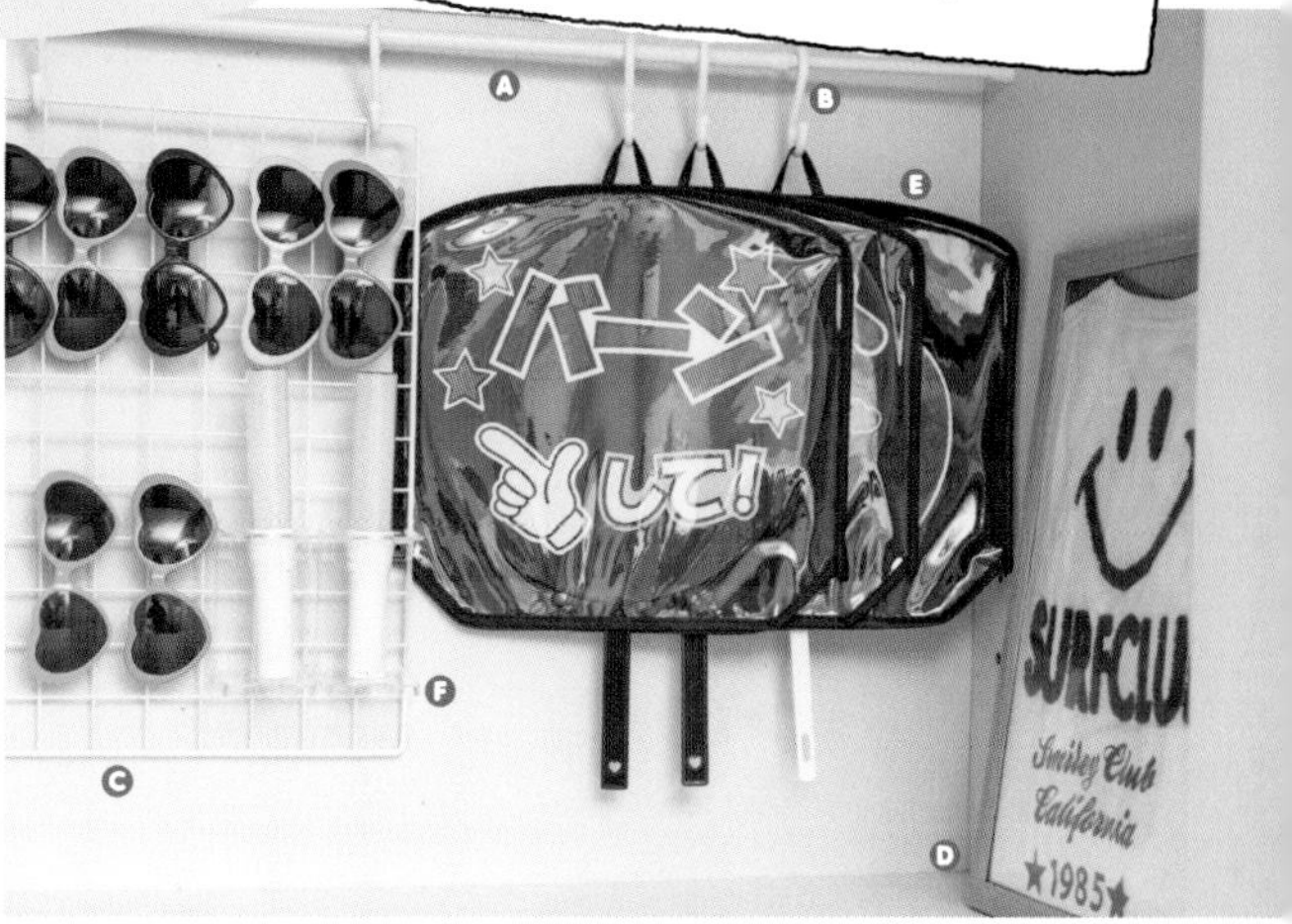

POINT 1

Tシャツは額縁に入れる

額縁に入れることで、Tシャツを傷つけずに壁面に飾ることができる。

POINT 2

ライブの銀テープは専用ケースにイン

Can★Doで販売されている銀テープケースに入れれば、壁に粘着フックをつけて飾ることができる。

POINT 3

ペンライトスタンドは横置きできるものが◎

Seriaのペンライトスタンドは、横置きも縦置きもできるので、太さや形の異なるさまざまなペンライトに対応できて便利！

POINT 4

うちわは吊るす収納でスッキリ

ライブに欠かせないうちわは、専用ケースに入れるのが◎。DAISOのうちわカバーはひっかける部分があるので、フックに吊るして収納できる。

「置き場所に困るスキンケアグッズ」どこに置けば良いですか？

theme: その他

これで解決！

洗面所に子ども用スペースを用意しよう

子どもからは「この場所を使いたい」とはなかなか言い出しにくいので、できれば親から「ここのスペースを使って良いよ」と声をかけてもらえたらうれしいです。

幸子：中学生、高校生になると、スキンケアをはじめる子どもが増えてくると思います。その他にも、ヘアスプレーやヘアケアアイテムなど、親とは異なる美容用品を使いはじめ、オシャレを楽しみます。

麻帆：こうしたグッズを洗面台の鏡裏収納に置けたらうれしいですが、すでに親が占領していることがほとんど。できれば**中学生頃になったら親のほうから、自分たちが使っている収納の一部を空けて、子どもが自由に使えるスペースを用意して**くれるとうれしいです。

幸子：家族が多い場合は、棚に名前のラベルを貼ってわかりやすくすると良いでしょう。子どもの成長に合わせて収納場所を検討しましょう。

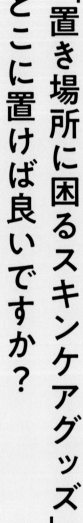

13歳以上のお悩み

「増え続ける思い出のプリクラ」見やすく収納したいです

theme: その他

これで解決！

見返しやすさと持ち運びやすさを考えて収納しよう

背景が透明なプリクラは、白い紙を後ろに入れると白い背景のプリクラに早変わり。ケースの裏面にもプリクラを保管できる。

麻帆 使用ITEM

名刺ホルダー

意外と使い道がなく引き出しに入れっぱなしになっていることが多いプリクラ。名刺ホルダーに入れればアルバムみたいに保管ができ、見やすくなります。

麻帆：**プリクラシールの収納におすすめなのが、名刺ホルダー**。名刺サイズのプリクラはそのままピッタリ収納できますし、切り込みが入った友だちと分けられる小さなタイプも、この大きさに収まります。１シートずつ収納すれば、アルバムのように思い出を見返せます。

幸子：写真と同じで、プリクラは友だちや家族との大切な思い出なので、失くさないように大事に保管したいですよね。

麻帆：名刺ホルダーは、持ち運んだときにバラバラ広がらないよう、ゴムバンドで留められるタイプが便利です。

幸子：増え続ける思い出のプリクラは、いつまでも見やすく収納したいですね。

番外編！

大人の持ち物のお悩み

「子どもと大人の旅行の荷物」コンパクトにまとめたいです

theme: 旅行グッズ

子どもが**乳幼児**なら

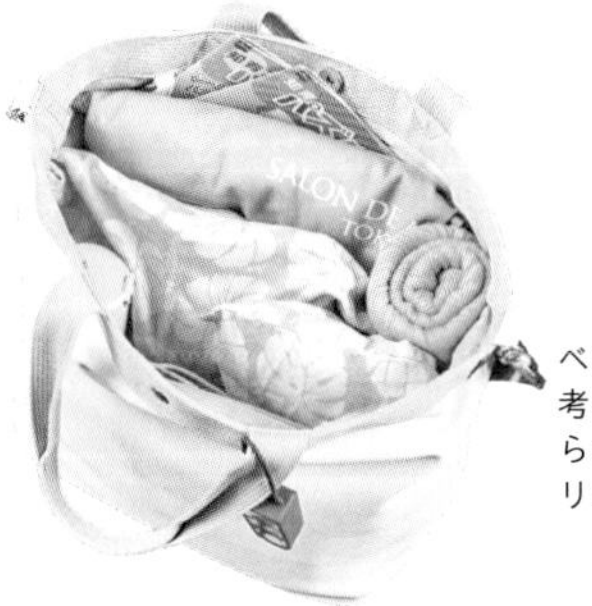

ベビーカーを使うことを考え、がばっと口が開けられる肩掛けバッグやリュックを使用。

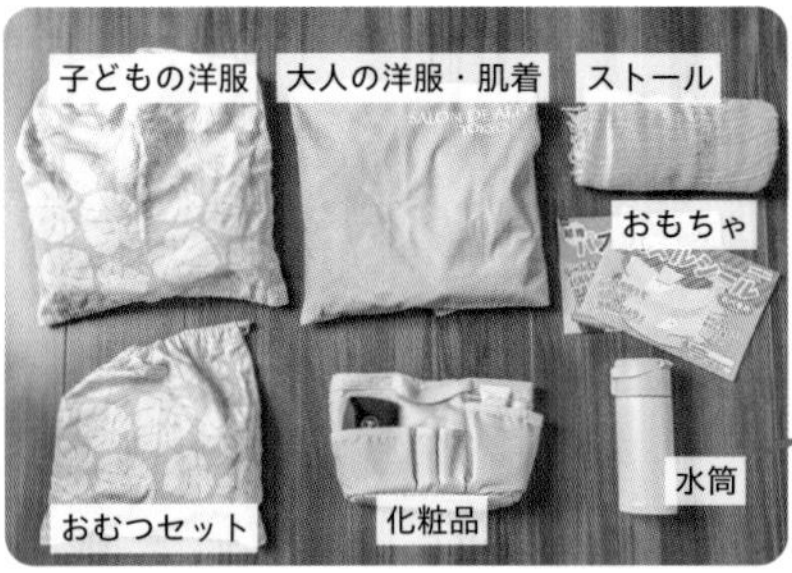

これがあると便利！

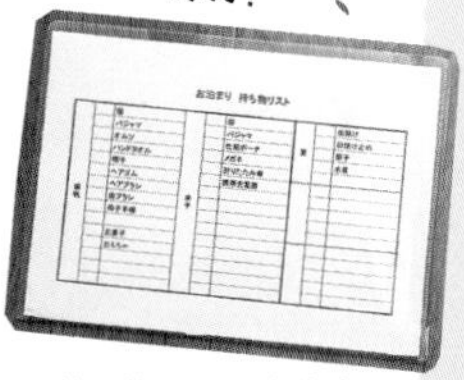

持ち物リストを作成し、バッグに詰めたらチェック。これで忘れ物をする心配もなし！

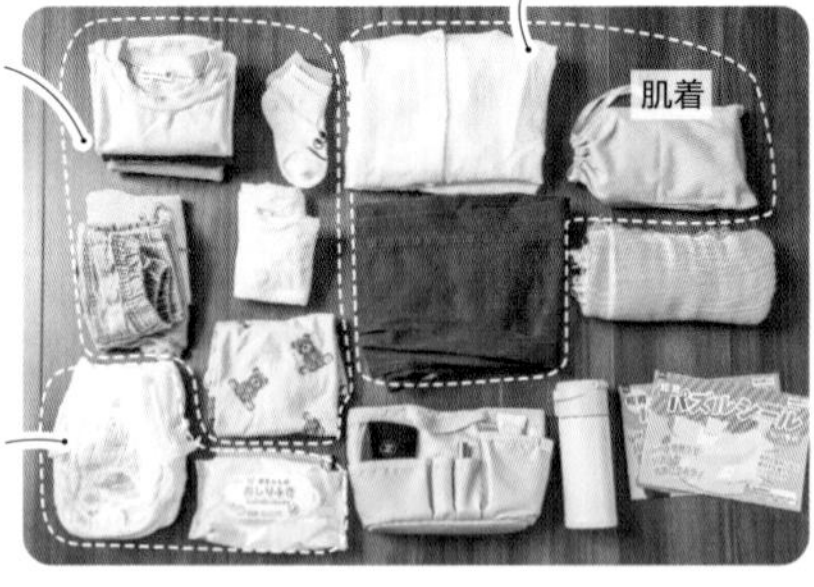

子どもと大人の荷物を分け、色の違う巾着袋に入れることで誰の荷物かひと目でわかるように。巾着なら、汚れたら洗濯できるので衛生的です。化粧品は多機能の仕切りポーチに入れると便利です。

子どもが
小学生以上
なら

小さめキャリーの左右で子どもと大人の荷物を分けて収納。色の違う風呂敷で包んで混ざるのを防止。

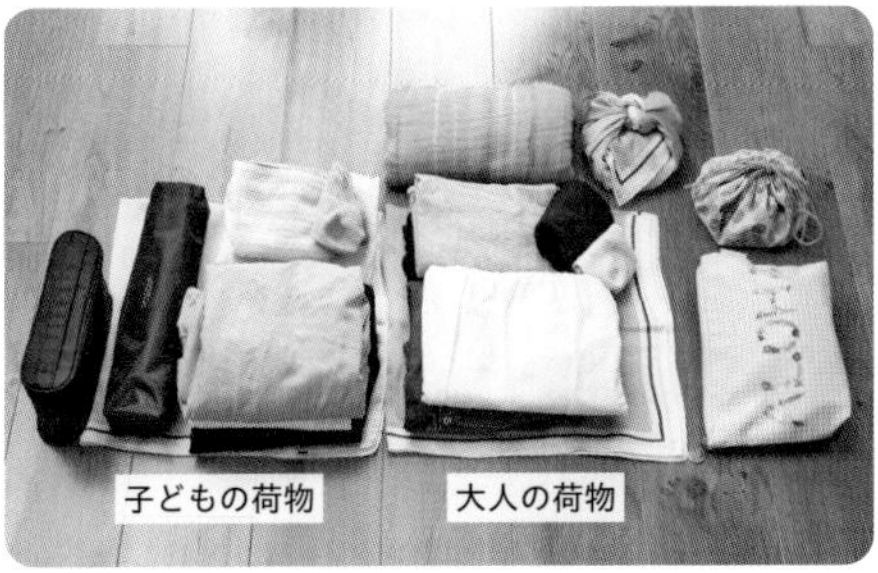

風呂敷に包めばこんなにコンパクトに。

子どもと大人の荷物は、それぞれ色の違う風呂敷に包んで持っていきます。風呂敷に包むと、宿泊先でそのまま広げられて便利です。持っていく荷物は「キャリーバッグに入る量だけ」と決めて、あとは子ども自身に選ばせると、整理収納のトレーニングにもなりますよ。

幸子：旅行の荷物はなるべくコンパクトにまとめて、身軽に出かけたいものですよね。我が家では、2泊くらいまでなら、高校1年生の娘の麻帆と私の荷物が、小さめのキャリーケースひとつに収まります。

麻帆：キャリーケースの片側が母でもう片方が私の荷物。**色の違う風呂敷で包んで色分けしているので、旅行先で荷物が混ざることもありません。**

幸子：子どもが小さい場合は、ベビーグッズやおもちゃなどの荷物が増えがちです。なるべくモノを厳選し、荷物をコンパクトにすると移動がラクになります。ストールを1枚持っていくと、肌寒い日に自分が羽織ったり子どもにかけたりすることもできるので、予備の上着の代わりになって便利です。

番外編！

大人の持ち物のお悩み

「家族の診察カードやお薬手帳」わかりやすく管理したいです

theme: 病院セット

幸子 使用ITEM

A

B

C

A B6ソフトビニールケース〈Seria〉、B ナイロンメッシュケース ポケット付き（B6）〈無印良品〉、C ネームタグ

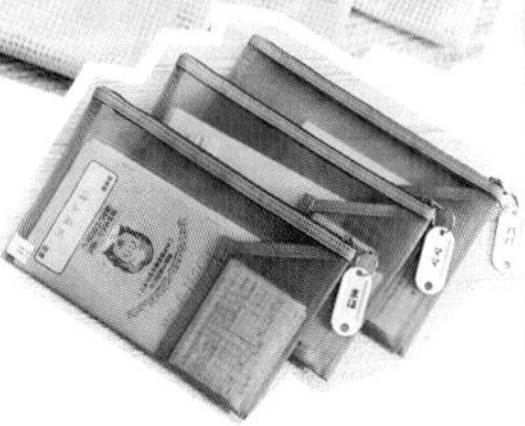

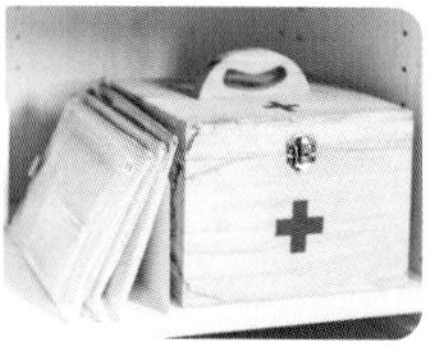

救急箱の隣など、家族共有のスペースに定位置をつくって保管しよう。

Seriaの B6 ソフトビニールケースは、ファスナーの色が違うシリーズ展開で、色分けをするのに便利。シックにまとめたい人は、無印良品のナイロンメッシュケースにネームタグをつけて分類。ポケットつきで診察券を入れるのにピッタリ。

幸子：**保険証や診察カード、お薬手帳といった病院に持っていくアイテムは、人ごとにまとめておくと便利です。**病院にいくときに「診察券どこだっけ？」と、あわてることなく対応できます。

麻帆：収納ケースは色で分けたり、ネームタグをつけたりして、ケースに入った状態で誰のモノかわかるようにしておくのがポイントです。

幸子：ケースに入れた病院グッズは個人で保管していても良いのですが、リビングの引き出しなど、家族共有の場所に入れておくと、緊急時に家族の誰もが病院グッズを持ち出せるので、いざというときも安心です。

麻帆：家族の診察カードやお薬手帳はわかりやすく管理したいですね。

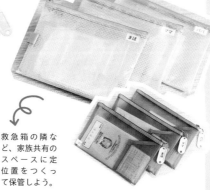

番外編！

大人の持ち物のお悩み

theme: 衣類

「一度着て、まだ洗わない洋服」どこに置くか決められないです

一時保管置き場は、普段着替えをしている場所の近くに用意するのがポイント。入れる洋服の量に合わせてケースを選びましょう。

幸子：学校から夕方帰ってきてお風呂に入るまでの数時間だけ着た洋服や、一度だけ着たパジャマなど、まだ洗わなくても良いという洋服の置き場に困るという声をよく耳にします。

麻帆：洗った洋服とは一緒にしたくはないから置き場に困ってしまうんですよね。

幸子：**置き場所が決まっていないと、一度着たパジャマの存在を忘れて、また新しくパジャマを出してしまう原因にもなるので、置き場所を決めておく**と良いでしょう。

麻帆：私の場合は、クローゼットの中に一時保管置き場をつくっています。家族共有の場所にするなら、洗面所付近に用意するのもあり。着替える場所の近くに置いておくと便利です。

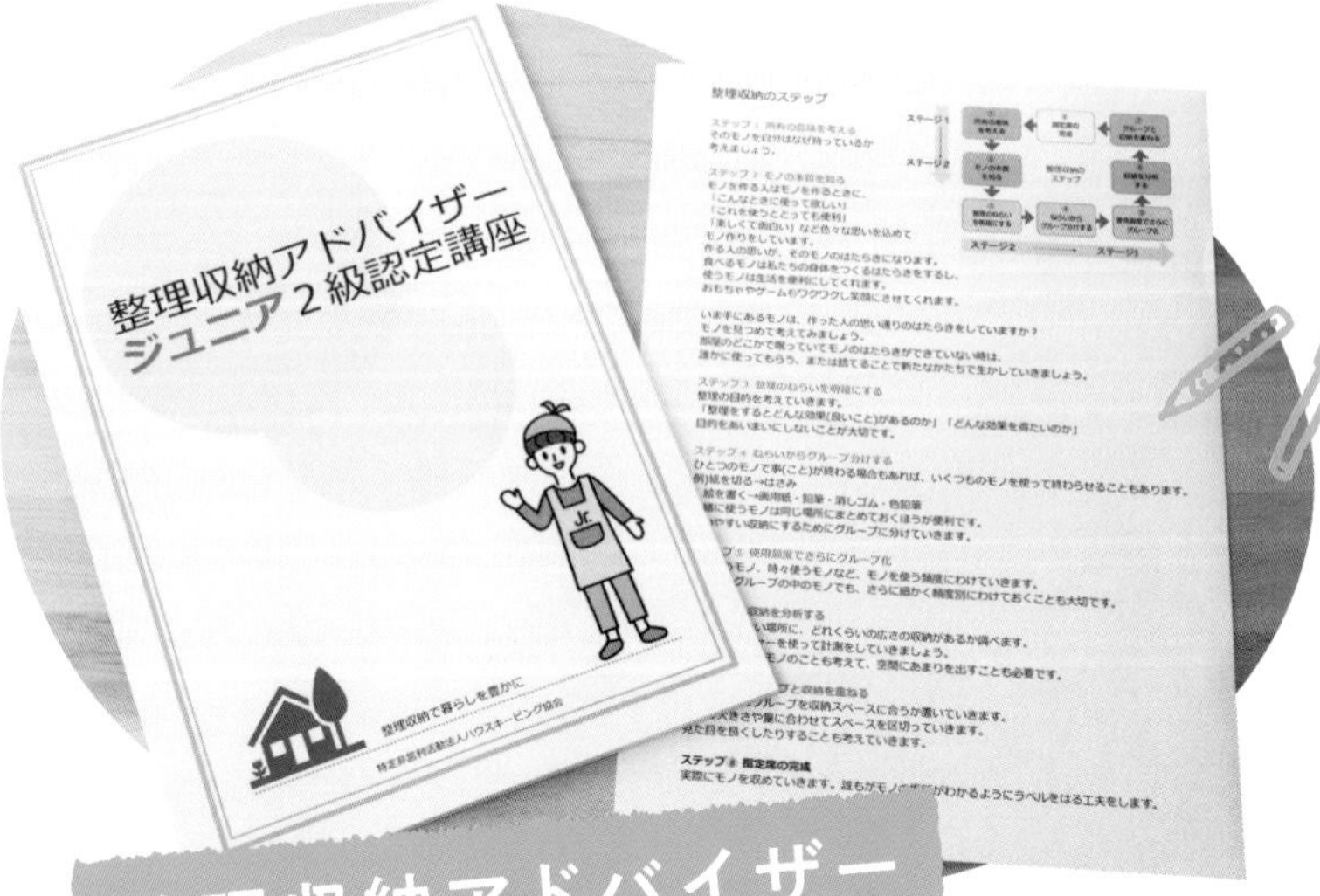

整理収納アドバイザージュニア2級認定講座って？

整理収納の理論が楽しく学べる子ども向けの講座が開講！

史上最年少で整理収納アドバイザー1級の資格を取得した、清水麻帆さんがメディアで活躍したことがきっかけで、全国で整理収納アドバイザーを目指す子どもたちが急増。そうした背景を受け、2022年に新たに生まれたのが、NPO法人ハウスキーピング協会が運営する、「整理収納アドバイザージュニア2級認定講座」です。一体どのような資格なのか、整理収納アドバイザージュニア2級認定講座設立の立役者とも言える麻帆さんと、この認定講座の立ち上げに関わり、認定講師としても活躍する幸子さんにお話をうかがいました。

幸子：整理収納アドバイザーの認定講座は、大人が受講することを想定してつくられていたので、難しい言葉や漢字が多く、子どもにはややハイレベルな内容になっていました。

そこで今回、新たに子ども向けの講座として、開講したのが「整理収納アドバイザージュニア2級認定講座」です。内容はこれまでの「整理収納アドバイザー2級認定講座」と同じで、将来準1級、1級と進むことができます。

麻帆：私が整理収納アドバイザー2級認定講座を受けたときは、小学4年生だったので、教材に出てくる文章が難しくて、意味を理解するまでにとても時間がかかりました。知らない単語もたくさんあってとても苦労したので、子どもでも読みやすい文章の教材で学べるのは羨ましいです。

幸子：文具や学習机など子どもに身近な事例写真が多いので、自分に置き換えて考えることができます。

麻帆：整理収納のしくみがわからず、片づけをすることに苦手意識を持っている子どもが多いようです。片づけについて学びたいけれど、どう学べば良いかわからないという人にこそ、ぜひ受講してほしいなと思います。片づけの正しい基礎知識が身につくと、整理収納が絶対楽しくなると思います！

Q どんな資格なの？

A 小学3年生から整理収納の理論を学べる

小学3年生から中学3年生までのお子さんを対象（2023年8月現在）とした、整理収納の理論が学べる、NPO法人ハウスキーピング協会が運営する認定資格。「整理収納アドバイザー2級認定講座」の内容をそのままに、子どもでもわかりやすい文章と、たくさんの事例写真で、整理収納について楽しく学ぶことができます。

Q 試験内容は？

A 講座を受講すると資格が取得できる

協会指定の講座（会場またはオンライン）を受講し、講座の最後にまとめテストを受けることで、資格を得られます。

整理、収納といった部屋をキレイに整えるための基本理論を身近な事例で、小学生でもわかりやすく学べます。子ども一人での受講はもちろん、家族割という制度があるので、父母や兄弟姉妹、祖父母と一緒に受講することも可能です。

Q 整理収納アドバイザー1級との違いは？

A 将来の整理収納アドバイザー1級の取得につながる

整理収納アドバイザージュニア2級認定講座は、自分自身のスキルアップを目指す、整理収納の「基本」を学ぶ内容になっています。整理収納アドバイザージュニア2級の認定を受けると、次はより専門的な知識を学べる整理収納アドバイザー準1級認定講座、そして1級へ進めます。1級まで取得すると、「整理収納アドバイザー」として、アドバイスすることができるようになります。

Q 資格を取るとどんな良いことがある？

A 整理収納の知識と技術が身につき将来に役立つ

整理収納の基本理論を学ぶことで、自分にとって必要なモノと必要ではないモノを判断する力が身につき、身の回りの整理収納ができるようになります。

身の回りの整理収納ができるようになると、時間に余裕が生まれ、ムダなモノを買うことがなくなるので、お金もたまりやすくなります。さらに、常に片づいた心地よいと感じる環境で暮らすことで、心が落ち着き、気持ちが前向きに。頭もスッキリするので、勉強への意欲が湧き、集中力も高まります。

整理収納アドバイザーの資格は、2級からスタートし、準1級、1級とステップアップしていくので、将来整理収納アドバイザー1級の資格を取り、プロとして働きたいと考えている人は、まずは2級の取得を目指しましょう。

おわりに

片づけを楽しむ、好きになる。
私の片づけに向き合う姿勢です。
友だちからの片づけの相談にのったり、
お仕事で片づけのアドバイスをさせていただいたりするとき、
いつも心がけている大切なコンセプトです。
この本を読んで「片づけやってみようかな！」と
ワクワクしていただけたらとてもうれしいです。
ほとんどのワザは、100円ショップで手軽に買える
収納グッズを使っています。親子ご一緒に、
おもしろそうなモノから試していただけたらうれしいです。

整理収納アドバイザー1級　清水麻帆

いかがでしたでしょうか？
「親子一緒に読める」「難しすぎず、やさしすぎず」
「片づけに関する理論をしっかりと」という
コンセプトで一冊にまとめました。
整理収納アドバイザーのテキストは専門用語がたくさんあり、
雑誌のお片づけ特集は、理論よりも実例の紹介が多く、
家事を担う大人目線のものが多いです。
親子一緒に何回でも読める、
頼れる「片づけの教科書」になってくれたらうれしいです。

整理収納アドバイザー1級　清水幸子

PROFILE

清水 麻帆　Maho Shimizu

2007年生まれ。小学6年生のときに、整理収納アドバイザー1級の資格を史上最年少で取得。以降、プロの整理収納アドバイザーとして、TVほか多方面で活躍。清水幸子の娘。

清水 幸子　Sachiko Shimizu

1979年生まれ。整理収納アドバイザー1級、ファイリングデザイナー1級。整理収納アドバイザー2級認定講師。整理収納アドバイザージュニア2級認定講師。清水麻帆の母。元銀行員の経験を活かした住まいとオフィスの整理収納を提案。
Instagram ID：@oheyasukkiri
HP：https://oheyasukkiri.com/

STAFF

撮影 ♪ 奥村 暢欣、北原 千恵美

イラスト ♪ ばば めぐみ

デザイン ♪ 木村 百恵

編集協力 ♪ 上野 真依、高橋 優果

撮影協力 ♪ 清水洋平、日下部雅人、佳子、勇貴、洸貴、満田佳那、紗良、秀斗、稲角悠冴、中西利幸、美奈子、史幸、萌葉、学校法人 ミネルヴァ学園 並木幼稚園

校正 ♪ 麦秋アートセンター、フライス・バーン

※本文中の著者使用ITEMのお問い合わせ先は右にございます。あくまで取材時点でのモノであり、現在お取り扱いしていない、もしくは店舗によって在庫がない場合がございます。
※特にお問い合わせ先のない商品は一般的な100円ショップなどで購入可能なモノ、もしくは著者、撮影協力者の私物です。お問い合わせはご遠慮ください。
※本文中で著者が行っている整理収納・片づけのノウハウのなかに、クギなどを使用するDIYの作業もございます。作業の際にケガなどをしないよう、注意して行ってください。

SHOPお問い合わせ先

イケア・ジャパン カスタマーサポートセンター ♪ 0570-01-3900
イノマタ化学 ♪ http://www.inomata-k.co.jp/
Can★Do ♪ https://www.cando-web.co.jp/
ケユカ マロニエゲート銀座店 ♪ 03-5159-2191
コクヨ ♪ https://www.kokuyo.co.jp/
セキセイお客様相談窓口 ♪ 0120-281-281
Seria ♪ https://www.seria-group.com/
DAISO ♪ https://www.daiso-sangyo.co.jp/
DCM DIY place ♪ https://www.dcm-hc.co.jp/dcm-diy-place/
Tokeo ♪ soomillife@hotmail.com（楽天市場SOOMIL生活館）
tokeo-shop@hotmail.com（Amazon-Tokeo）
平安伸銅工業 ♪ https://www.heianshindo.co.jp/
無印良品 銀座 ♪ 03-3538-1311

子どもと楽しく学ぶ
片づけの教科書

2023年9月12日 第1刷発行

著者　清水麻帆　清水幸子
発行人　土屋 徹
編集人　滝口 勝弘
企画編集　石尾 圭一郎
発行所　株式会社Gakken　〒141-8416　東京都品川区西五反田2-11-8
印刷所　大日本印刷株式会社
DTP　株式会社グレン

〈この本に関する各種お問い合わせ先〉
・本の内容については、下記サイトのお問い合わせフォームよりお願いします。
https://www.corp-gakken.co.jp/contact/
・在庫については　Tel 03-6431-1250(販売部)
・不良品(落丁、乱丁)については Tel 0570-000577
学研業務センター　〒354-0045 埼玉県入間郡三芳町上富279-1
・上記以外のお問い合わせは　Tel 0570-056-710(学研グループ総合案内)

学研グループの書籍・雑誌についての新刊情報・詳細情報は、下記をご覧ください。
学研出版サイト　https://hon.gakken.jp/